LIBÉREZ-VOUS DE L'ANXIÉTÉ

LE GUIDE COMPLET DE LA CONSCIENCE POUR CONTRÔLER L'ANXIÉTÉ, LA DÉPRESSION, LES CRISES DE PANIQUE, ET ÉLIMINER LES PENSÉES NÉGATIVES AINSI QUE LES MAUVAISES HABITUDES

MATTIA PONZO

CLAUSE DE NON-RESPONSABILITÉ

TABLE DES MATIÈRES

INTRODUCTION

L'anxiété est déclenchée par plusieurs facteurs et s'exprime à travers un large éventail de symptômes. Ces derniers peuvent inclure des composantes comportementales, cognitives et émotionnelles. C'est pourquoi, lorsqu'on demande à un groupe d'individus de partager leur expérience et leur compréhension de l'anxiété, on obtient souvent des explications et des définitions différentes de ce que signifie être anxieux.

L'anxiété accompagne fréquemment la dépression, à tel point que beaucoup la considèrent comme faisant partie du même trouble. Comme la dépression, l'anxiété touche davantage les femmes que les hommes, dans une proportion presque doublée.

Les troubles anxieux sont regroupés dans une catégorie d'affections apparentées et peuvent se manifester de manière très différente d'une personne à l'autre. Toutefois, tous partagent une peur ou une inquiétude persistante et intense, même dans des situations où la plupart des gens ne se sentiraient pas menacés.

Les individus diffèrent par la fréquence, l'intensité et la durée de leur anxiété. Pour beaucoup, l'anxiété est perçue comme une réaction normale et ils ont appris à vivre avec lorsqu'elle se présente. Un degré modéré d'anxiété fait partie de notre expérience humaine quotidienne.

Malheureusement, certaines personnes ressentent une anxiété à un niveau tel qu'elle provoque une grande détresse et compromet leur bien-être. Cela peut affecter des aspects essentiels de leur vie, comme l'emploi, les études et les relations.

Lorsque l'anxiété atteint un point où elle devient pénible et interfère avec le bien-être, on peut alors parler de trouble anxieux.

Les troubles anxieux sont plus répandus que tout autre type de trouble mental. En France, des études ont montré qu'environ 15 % de la population est affectée par des troubles anxieux généralisés, des crises de panique et des phobies spécifiques au cours de leur vie. Ces troubles peuvent être déclenchés par des facteurs génétiques, des conditions environnementales, des caractéristiques psychologiques ou des problèmes de santé physique. L'anxiété peut se manifester par des vertiges, une accélération du rythme cardiaque ou des difficultés respiratoires.

La bonne nouvelle est qu'il existe des experts capables de comprendre, diagnostiquer et traiter les problèmes liés à l'anxiété et ses troubles. Un diagnostic précis est essentiel, car le traitement doit être adapté à chaque individu. De plus, il est important de distinguer l'anxiété normale, qui ne nécessite pas de traitement, des troubles anxieux. Une fois qu'un trouble anxieux est soigneusement diagnostiqué, plusieurs thérapies, telles que la psychothérapie ou la pharmacothérapie, peuvent être employées pour le traiter efficacement.

Tout le monde éprouve de l'anxiété à un moment ou à un autre de sa vie. Il s'agit d'une réaction commune face à des situations stressantes. Dans de nombreux cas, l'anxiété peut être un outil utile : les réflexes s'accélèrent, l'attention est hyper-concentrée, le rythme cardiaque augmente, et le corps est prêt à réagir immédiatement. L'anxiété normale répond à une menace immédiate et disparaît une fois le danger passé. Cependant, chez les personnes souffrant de troubles anxieux, ces réactions surviennent plus fréquemment et avec une intensité disproportionnée.

À l'époque des hommes des cavernes, l'anxiété était particulièrement utile. Elle mettait le corps et le cerveau en mode de lutte ou de fuite, dirigeant les ressources corporelles des fonctions cognitives vers les muscles et le cœur. C'était crucial pour échapper à une menace mortelle ou l'éviter.

Aujourd'hui, malheureusement, notre cerveau réagit de manière similaire à des situations perçues comme dangereuses, bien qu'elles soient rarement une question de vie ou de mort. Nous ne sommes plus poursuivis par des tigres à dents de sabre ; nos menaces sont souvent plus abstraites, comme des idées ou des perceptions qui peuvent nous nuire mentalement sans pour autant nous blesser physiquement.

Le cerveau est un organe fascinant, capable d'effectuer des calculs complexes en une fraction de seconde. Lorsqu'il reçoit un stimulus, il décide rapidement s'il s'agit d'une menace. Si c'est le cas, une petite structure appelée amygdale s'active avant même que nous n'ayons pleinement conscience de la situation. Cela met en pause les fonctions cognitives tout en stimulant les réactions physiques pour préparer le corps à une situation de lutte ou de fuite.

Si le cerveau ne perçoit pas de menace, il envoie l'information à l'hippocampe pour une analyse plus approfondie. Cependant, en raison de la complexité de ses fonctions, le cerveau cherche parfois des raccourcis qui peuvent conduire à une anxiété excessive. Avec les troubles anxieux, des expériences passées ou des pensées erronées peuvent altérer la perception de situations actuelles, alimentant ainsi un cycle d'anxiété.

Vous pourriez penser que certaines des réactions décrites ci-dessus vous semblent familières, mais parlons de la manière dont elles se manifestent dans des situations quotidiennes. Mentalement, l'anxiété provoque des pensées qui s'emballent, un sentiment de peur ou de terreur, des inquiétudes qui semblent impossibles à contrôler, des crises de panique, un sentiment de perte de contrôle, une impression de malheur imminent, de l'irritabilité et, parfois, un sentiment de détachement de soi.

Physiquement, vous pouvez ressentir un essoufflement, un rythme cardiaque rapide, des sueurs, des frissons ou des bouffées de chaleur, des nausées ou d'autres troubles digestifs, des vertiges, un engourdissement, une sensation d'étouffement et des douleurs thoraciques. Tous ces symptômes peuvent apparaître lorsque l'anxiété est à son paroxysme, notamment pendant des attaques de panique.

Les troubles anxieux déclenchent ces symptômes en présence de menaces perçues, souvent causées par des convictions erronées ou des suppositions infondées. Pour ceux qui en souffrent, ces épisodes surviennent plus fréquemment, avec une intensité accrue et pendant des périodes plus longues que chez ceux qui ne sont pas affectés par ce trouble. L'anxiété est difficilement maîtrisable, et les personnes concernées ont souvent le sentiment de perdre le contrôle, ce qui alimente encore davantage leur anxiété et crée un cercle vicieux. Plus les symptômes se manifestent, plus il devient difficile de briser ce cercle. Cela en fait un trouble psychologique particulièrement complexe à traiter.

CHAPITRE 1 : SIGNES ET SYMPTÔMES DE L'ANXIÉTÉ

Lorsque vous êtes confronté au parcours d'un trouble anxieux, vous devez souvent naviguer parmi un éventail complexe de choix thérapeutiques. Il est intéressant de noter que ceux qui reçoivent ce diagnostic sont trois à cinq fois plus susceptibles de consulter un thérapeute que ceux qui ne partagent pas cette expérience. De plus, l'idée d'une hospitalisation dans un établissement spécialisé devient six fois plus probable pour les personnes vivant avec un trouble anxieux.

Ces troubles ne sont pas de simples intrus dans notre esprit, mais peuvent avoir un impact profond sur la santé mentale, ouvrant la voie à une association étroite avec la dépression. Il n'est pas rare d'observer un diagnostic concomitant d'anxiété et de dépression, ce qui complexifie encore davantage le tableau clinique et nécessite une approche thérapeutique diversifiée.

L'étendue de l'expérience liée à l'anxiété est évidente dans les symptômes qui touchent tous les aspects de l'être humain : les émotions, les pensées, les sensations physiques et les comportements. Il est important de souligner que l'anxiété est une émotion profondément personnelle, créant une réalité où chaque individu la perçoit de manière unique. Cette diversité implique que différentes personnes peuvent non seulement manifester des symptômes variés, mais aussi les vivre avec des degrés d'intensité différents.

Les symptômes de l'anxiété se déploient dans trois dimensions fondamentales : la sphère physique, qui peut se manifester par des palpitations, des tremblements, des tensions musculaires et des troubles gastro-intestinaux ; la dimension comportementale, caractérisée par des stratégies d'évitement ou des comportements répétitifs ; et enfin, la dimension cognitive, marquée par des pensées catastrophiques, une hypervigilance et des difficultés de concentration.

Reconnaître cette variété d'expériences est essentiel, car elle influence la perception et l'approche thérapeutique. Dans ce contexte, le soutien des professionnels de la santé mentale joue un rôle fondamental en proposant un accompagnement personnalisé, en facilitant la compréhension des symptômes et en favorisant des approches thérapeutiques adaptées, afin d'améliorer le bien-être général.

1.1 : SYMPTÔMES PHYSIQUES DES TROUBLES ANXIEUX

Les symptômes physiques de l'anxiété se manifestent à travers les sensations que nous ressentons dans notre corps.

Tachycardie et rythme cardiaque accéléré

Le rythme cardiaque accéléré représente une réponse physiologique liée à l'anxiété, résultant de l'activation du système nerveux sympathique. Ce système régule la fréquence cardiaque et interagit avec les hormones du stress, telles que le cortisol et l'adrénaline, jouant un rôle clé dans ce processus.

Face à des situations stressantes, les glandes surrénales libèrent davantage de cortisol et d'adrénaline dans le corps. Ces hormones stimulent les récepteurs cardiaques, provoquant une augmentation de la fréquence cardiaque. Cette réponse fait partie intégrante du mécanisme de "réaction de lutte ou de fuite", préparant le corps à affronter ou à échapper à une menace perçue.

Dans un contexte d'anxiété, l'accélération du rythme cardiaque peut générer une augmentation de l'anxiété. La perception d'un cœur qui bat plus vite peut contribuer à créer un cercle vicieux d'anxiété, alimentant encore davantage l'état d'anxiété. Il est important de comprendre que ce mécanisme représente une réponse naturelle au stress, mais lorsqu'il se produit de manière excessive ou prolongée, il peut devenir problématique.

Pour gérer cette réponse physiologique, il est utile d'adopter des techniques de respiration profonde, de pratiquer la relaxation musculaire et de développer la conscience corporelle. Ces pratiques peuvent aider à réguler votre réponse physiologique et à réduire votre fréquence cardiaque, offrant ainsi des outils pratiques pour gérer l'anxiété.

Difficultés respiratoires: Sensation d'essoufflement ou de manque d'air

Dans le contexte d'une situation stressante, le corps active le système nerveux sympathique, déclenchant une série de réponses physiologiques pour se préparer à relever le défi. Durant cette phase de réponse au stress, les glandes surrénales libèrent des hormones telles que le cortisol et l'adrénaline, stimulant le cœur et augmentant le rythme respiratoire. L'objectif est de fournir une plus grande quantité d'oxygène aux cellules du corps, améliorant ainsi la préparation physique et mentale à faire face à la situation stressante.

Cependant, lorsque cette réponse au stress est intense ou prolongée, la respiration peut devenir irrégulière. Respirer trop rapidement peut modifier l'équilibre entre l'oxygène et le dioxyde de carbone dans le corps, créant une sensation de manque d'air et déclenchant un cycle dans lequel la perception de difficultés respiratoires peut alimenter davantage l'anxiété.

Pour gérer efficacement ces symptômes, il est utile d'adopter des techniques de respiration consciente et contrôlée. Respirer lentement et profondément, en impliquant le diaphragme et en permettant à l'abdomen de se dilater lors de l'inspiration, favorise de meilleurs échanges gazeux et aide à rétablir l'équilibre naturel.

Manque d'énergie ou fatigue: sensation de fatigue même sans effort physique important

Dans cet état, le corps reste constamment en état d'alerte, principalement en raison de l'augmentation prolongée des niveaux d'hormones de stress, comme le cortisol et l'adrénaline.

Lorsque l'on vit dans un état d'anxiété prolongé, le système nerveux sympathique reste constamment activé, maintenant le corps dans un état d'hyperexcitation. Cet état d'alerte constant peut entraîner une demande continue d'énergie, laissant l'individu avec une sensation constante de fatigue et d'épuisement.

Le cycle anxiété-fatigue peut devenir une spirale vicieuse : une anxiété constante nécessite une libération continue d'énergie, ce qui peut à son tour contribuer à l'épuisement physique et mental. La fatigue peut avoir un impact négatif sur la qualité du sommeil, créant un autre élément qui alimente le cycle, car un repos insuffisant peut nuire davantage à votre capacité à faire face au stress quotidien.

La pratique de techniques de relaxation, comme la méditation ou la relaxation musculaire progressive, peut être bénéfique pour réduire l'activation du système nerveux et améliorer la gestion du stress. De plus, établir une routine de sommeil régulière et adopter un mode de vie sain, qui comprend une alimentation équilibrée et une activité physique régulière, peut favoriser le repos et améliorer les niveaux d'énergie globaux.

Manque de sommeil: Insomnie et somnolence chronique

Dans le contexte de l'anxiété, le processus d'endormissement peut devenir un défi car le corps est dans un état d'activation continu, principalement en raison de niveaux élevés d'hormones, comme le cortisol et l'adrénaline.

Ces hormones de stress jouent un rôle clé en maintenant le corps en état d'alerte, ce qui rend difficile la relaxation et la transition vers un sommeil réparateur. L'activation persistante du système nerveux sympathique peut entraîner un état d'excitation excessive, rendant la transition de l'éveil à un sommeil profond plus complexe.

L'anxiété s'accompagne souvent de pensées et d'inquiétudes intrusives qui persistent toute la nuit, établissant un cercle vicieux. Ces pensées peuvent être liées à des préoccupations quotidiennes ou directement à des sources d'anxiété ressenties au cours de la journée. Le cycle anxiété-sommeil-anxiété peut se maintenir, car le manque de sommeil peut exacerber l'état d'anxiété.

Créer une routine de sommeil régulière, avec des horaires fixes pour le repos et des moments de relaxation avant de se coucher, peut favoriser un environnement propice au sommeil. Limiter les facteurs de stress avant de se coucher et aménager un environnement confortable pour le sommeil sont également cruciaux.

Douleurs et tensions musculaires: contractions musculaires, en particulier au niveau des épaules, du cou et du dos

Cette réponse physique se manifeste souvent par des tensions musculaires lors d'épisodes d'anxiété ou de stress, lorsque le système nerveux sympathique est activé. Les contractions musculaires peuvent survenir comme une réponse automatique du corps à une menace éventuelle. Cependant, lorsque l'anxiété devient chronique ou excessive, la tension musculaire peut persister, provoquant un inconfort physique et alimentant davantage l'anxiété elle-même.

Les muscles des épaules, du cou et du dos sont particulièrement sujets aux tensions et aux contractions dues au stress émotionnel. Ces symptômes peuvent varier d'une sensation générale de raideur à des douleurs aiguës.

La relaxation musculaire progressive, qui consiste à détendre consciemment des groupes musculaires spécifiques, peut aider à réduire la tension. La physiothérapie ou les massages peuvent également être des options utiles pour soulager les douleurs musculaires liées à l'anxiété. De plus, l'exercice régulier, comme le yoga ou la marche, peut favoriser la relaxation musculaire et diminuer la tension globale.

Transpiration excessive: transpiration accrue, notamment au niveau des mains ou du front

Ce phénomène est souvent lié à la réaction de lutte ou fuite du système nerveux, activé dans des situations perçues comme menaçantes ou stressantes. La transpiration excessive peut être inconfortable et embarrassante, entraînant des mains moites, des sensations glissantes ou même des taches de sueur visibles sur le front. Ce symptôme résulte de la stimulation des glandes sudoripares par le système nerveux sympathique, activé lors de périodes d'anxiété ou de tension.

Il est intéressant de noter que la transpiration excessive peut déclencher un cercle vicieux : l'anxiété peut provoquer la transpiration, et la prise de conscience de cette transpiration peut accentuer l'anxiété. Ce cycle peut persister, contribuant au maintien du trouble anxieux.

Les techniques de gestion du stress, comme la respiration profonde, la méditation de pleine conscience ou la relaxation musculaire progressive, peuvent aider à réduire l'anxiété et, par conséquent, la transpiration excessive. De plus, l'exercice physique régulier peut être bénéfique pour maintenir l'équilibre émotionnel.

Tremblements et secousses: mouvements involontaires des mains ou d'autres parties du corps

Ces phénomènes se manifestent par des mouvements involontaires des mains ou d'autres parties du corps, avec des variations d'intensité et de durée. Les personnes anxieuses peuvent ressentir des tremblements légers ou plus visibles, souvent accompagnés d'une sensation de faiblesse musculaire.

Ces tremblements peuvent résulter de l'activation du système nerveux sympathique, impliqué dans la réponse de lutte ou fuite. Lorsque l'anxiété est élevée, le corps peut réagir en générant des tensions et des contractions musculaires, se manifestant par des tremblements.

Il est important de noter que les tremblements associés à l'anxiété diffèrent de ceux liés à des affections neurologiques. Dans le contexte de l'anxiété, les tremblements sont souvent temporaires et se produisent lors de situations stressantes ou anxieuses, particulièrement lors de périodes de stress émotionnel intense.

Être conscient de ces symptômes est essentiel pour comprendre le lien entre l'état émotionnel et les manifestations physiques. Gérer l'anxiété grâce à des techniques de relaxation et de pleine conscience peut aider à réduire la fréquence de ces tremblements.

Bouche sèche: Sensation de bouche sèche ou de soif intense

La sensation de bouche sèche est un symptôme fréquent des troubles anxieux. Elle se manifeste par la sensation d'avoir la bouche sèche ou une soif intense, même sans un réel manque de liquides dans le corps. Ce symptôme peut contribuer à un sentiment général d'inconfort et résulte de divers mécanismes associés à l'anxiété.

Lors d'épisodes d'anxiété, le système nerveux sympathique peut être activé, entraînant plusieurs réactions physiologiques, notamment une diminution de la production de salive. Cette diminution peut entraîner une sensation de sécheresse, influençant négativement la capacité à avaler et à percevoir le goût.

De plus, l'anxiété peut influencer la consommation de liquides. Certaines personnes, en réponse à l'anxiété, peuvent boire moins d'eau que nécessaire, contribuant ainsi à la sécheresse buccale. Ce cycle peut intensifier l'inconfort et constitue un aspect important à prendre en compte lors de la gestion de l'anxiété.

La bouche sèche peut être traitée avec plusieurs stratégies. Maintenir une hydratation adéquate est essentiel, en buvant suffisamment tout au long de la journée. De plus, la pratique de techniques de gestion du stress, telles que la méditation, la respiration profonde ou la relaxation musculaire, peut aider à réduire l'anxiété et, par conséquent, la sécheresse buccale.

Maux de tête: maux de tête, souvent causés par des tensions musculaires

Ce type de mal de tête est souvent lié à une tension musculaire et peut aller d'une sensation de pression ou de lourdeur à une douleur plus lancinante.

Les tensions musculaires causées par l'anxiété peuvent affecter les muscles du cou, des épaules et de la tête, contribuant ainsi au développement de maux de tête. Une contraction prolongée de ces muscles peut provoquer une sensation douloureuse qui irradie de la nuque vers la partie avant ou temporale de la tête.

La gestion des maux de tête associés à l'anxiété peut inclure plusieurs approches. Une relaxation musculaire progressive, des exercices réguliers et des techniques de gestion du stress, telles que la respiration profonde et la méditation, peuvent aider à réduire la tension musculaire et à soulager les maux de tête.

La posture et l'ergonomie jouent un rôle important dans la prévention des tensions musculaires. Maintenir une bonne posture, en particulier lors de longues séances de travail ou d'études, peut aider à prévenir l'apparition de tensions musculaires qui contribuent aux maux de tête.

Une consommation excessive de caféine ou d'autres stimulants peut aggraver la fréquence et l'intensité des maux de tête associés à l'anxiété. Une alimentation équilibrée, une hydratation adéquate et des périodes de repos régulières peuvent contribuer à maintenir le bien-être général et à réduire la susceptibilité aux maux de tête.

Troubles digestifs: problèmes d'estomac, tels que nausées, crampes abdominales, diarrhée ou constipation

Ces problèmes peuvent se manifester par des symptômes tels que des nausées, des crampes abdominales, de la diarrhée ou de la constipation, provoquant un inconfort considérable pour ceux qui en souffrent.

L'anxiété peut affecter directement le système digestif en stimulant le système nerveux entérique, souvent appelé « deuxième cerveau » de l'organisme, responsable de la fonction intestinale. Cette connexion corps-esprit peut entraîner des modifications de la fonction intestinale, de la sécrétion du suc gastrique et de la perception de la douleur, contribuant ainsi aux troubles digestifs.

La nausée est une sensation d'inconfort au niveau de l'estomac, souvent accompagnée d'une tendance à vomir, et peut être déclenchée par l'anxiété. Les crampes abdominales peuvent se manifester par une douleur sourde ou aiguë au niveau de l'estomac, causée par une contraction musculaire et une altération des fonctions digestives. La diarrhée et la constipation peuvent être le résultat de modifications de la fonction intestinale induites par l'anxiété.

La prise en charge des troubles digestifs associés à l'anxiété peut impliquer plusieurs approches. La régulation du stress grâce à des techniques de relaxation, de pleine conscience et de thérapie cognitivo-comportementale peut aider à réduire l'impact de l'anxiété sur le système digestif. Une alimentation équilibrée, riche en fibres et pauvre en aliments irritants, peut également contribuer à stabiliser la fonction intestinale.

L'importance de maintenir une bonne hydratation est essentielle pour prévenir la déshydratation, notamment en cas de diarrhée. Si les symptômes gastro-intestinaux persistent ou s'aggravent, il est conseillé de consulter un gastro-entérologue pour une évaluation plus approfondie et un traitement ciblé.

Étourdissements et sensation d'évanouissement: sensation d'étourdissement ou de vertige

En présence d'anxiété, il est courant de ressentir un certain nombre de symptômes qui peuvent amplifier le sentiment général d'inconfort et d'inquiétude pour la santé. La sensation d'étourdissement, par exemple, peut se manifester par une instabilité ou une perception de faiblesse au niveau de la tête, tandis que le vertige entraîne une sensation de mouvement ou de rotation du milieu environnant, un véritable « vertige ».

Il est important de comprendre que ces symptômes peuvent être déclenchés par la réponse du système nerveux sympathique, ce qui peut affecter la pression artérielle et la circulation sanguine. L'anxiété, à son tour, peut jouer un rôle important dans l'apparition des étourdissements et des sensations de vertige par plusieurs mécanismes. Lors des crises d'angoisse, par exemple, l'hyperventilation est courante et peut modifier les niveaux d'oxygène et de dioxyde de carbone dans le sang, affectant ainsi la circulation et provoquant des vertiges.

Il est réconfortant de savoir qu'il existe des approches permettant de soulager ces symptômes. La pratique de techniques de respiration contrôlée peut aider à prévenir l'hyperventilation en stabilisant les niveaux d'oxygène dans le sang. L'exercice physique régulier, s'il est adapté à votre état de santé, peut jouer un rôle positif en améliorant la circulation sanguine et en réduisant les vertiges.

Engourdissement ou picotement: sensation de picotements dans les mains ou les pieds

Ces symptômes résultent souvent de la réponse du système nerveux au stress ou à l'anxiété. Lors des épisodes d'anxiété, le système nerveux sympathique peut être activé, entraînant des modifications de la circulation sanguine et cette sensation particulière de paresthésie, qui se traduit par des picotements ou des engourdissements. Cette réaction physiologique peut impliquer une compression temporaire des nerfs ou des modifications dans la transmission des influx nerveux.

La sensation d'engourdissement ou de picotement peut être localisée dans différentes parties du corps, comme les mains, les pieds ou d'autres parties du corps. Il peut s'agir d'un phénomène temporaire ou persistant, générant souvent une augmentation de l'anxiété, car les personnes souffrant d'anxiété pourraient l'interpréter comme le signe d'un problème physique grave.

Pour gérer ces symptômes, il existe différentes approches. Réduire l'anxiété grâce à des techniques de relaxation, telles que la méditation ou la relaxation musculaire progressive, peut aider à soulager les tensions associées aux engourdissements ou aux picotements. De plus, l'exercice régulier peut favoriser la circulation sanguine, contribuant ainsi au bien-être général.

Il est extrêmement important de souligner qu'une évaluation médicale est cruciale pour exclure d'autres causes physiques possibles d'engourdissements ou de picotements. Bien qu'ils soient souvent liés à l'anxiété, il est essentiel de consulter un professionnel de santé pour écarter tout problème sous-jacent et garantir un traitement approprié.

Hyperactivité: agitation constante ou difficulté à rester immobile

Cette condition se caractérise par un sentiment d'agitation ou d'impatience qui entraîne un besoin constant de bouger ou de changer de position.

Le « syndrome des jambes sans repos » est un exemple spécifique d'hyperactivité, caractérisé par une sensation désagréable dans les jambes qui induit une envie incontrôlable de les bouger. Cette sensation est souvent décrite comme des picotements, des démangeaisons ou des brûlures et peut devenir plus intense pendant les périodes de repos ou d'inactivité, comme la nuit.

L'incapacité de rester immobile est un symptôme qui peut affecter l'ensemble du corps, pas seulement les jambes. Les personnes souffrant d'anxiété peuvent ressentir une agitation constante, une envie irrésistible de bouger ou des difficultés à maintenir une position statique.

Ces symptômes peuvent être le résultat d'une tension musculaire et d'une activation excessive du système nerveux sympathique, impliqué dans la réponse « combat ou fuite ». L'anxiété peut contribuer à des niveaux élevés d'activation du système nerveux, affectant ainsi le contrôle moteur et provoquant des sentiments d'agitation.

La relaxation musculaire progressive ou la méditation peuvent aider à réduire la tension et l'agitation musculaire.

Adopter un mode de vie sain, comprenant une alimentation équilibrée, une activité physique régulière et un repos adéquat, peut également contribuer à maintenir le bien-être général.

Frissons ou bouffées de chaleur: sensations soudaines de froid ou de chaleur

Cette situation se manifeste par un sentiment d'agitation ou d'impatience qui se traduit par une envie constante de bouger ou de changer de position. Le « syndrome des jambes sans repos » représente un exemple précis de cette hyperactivité, caractérisé par une sensation désagréable dans les jambes qui provoque un besoin irrésistible de les bouger. Cette sensation, souvent décrite comme des picotements, des démangeaisons ou des brûlures, peut devenir plus intense pendant les périodes de repos ou d'inactivité, comme la nuit.

L'incapacité à rester en place peut affecter tout le corps, pas seulement les jambes. Pour les personnes anxieuses, cette agitation constante, ce besoin irrésistible de bouger ou cette difficulté à maintenir une position statique peuvent devenir des symptômes fréquents.

Ces symptômes peuvent résulter d'une tension musculaire et d'une suractivation du système nerveux sympathique, qui est impliqué dans la réponse « combat ou fuite ». L'anxiété peut contribuer à des niveaux élevés d'activation du système nerveux, affectant le contrôle moteur et favorisant les sentiments d'agitation.

L'adoption de techniques telles que la relaxation musculaire progressive ou la méditation peut constituer une étape vers la réduction de la tension et de l'agitation musculaire. Adopter un mode de vie sain, comprenant une alimentation équilibrée, une activité physique régulière et un repos adéquat, peut également contribuer au maintien du bien-être général.

Douleur thoracique: sensation d'oppression ou de douleur dans la poitrine, souvent confondue avec des problèmes cardiaques.

Ce symptôme peut être particulièrement préoccupant, car il est souvent associé à tort à des problèmes cardiaques. La sensation d'oppression dans la poitrine peut être décrite comme une pression ou une lourdeur qui peut irradier dans différentes directions, impliquant les bras, les épaules ou le cou. Ce type d'inconfort peut facilement être confondu avec une douleur thoracique d'origine cardiaque, et la peur d'un problème cardiaque peut encore accentuer l'anxiété.

Les douleurs thoraciques liées à l'anxiété résultent souvent d'une tension musculaire dans la région thoracique, déclenchée par l'activation du système nerveux sympathique lors d'épisodes d'anxiété. La réponse « combat ou fuite » peut provoquer la contraction des muscles de la poitrine, entraînant une sensation de douleur ou d'oppression.

Il est essentiel de souligner que même si la douleur thoracique est un symptôme courant des troubles anxieux, il est important d'exclure d'autres causes physiques possibles, telles que des problèmes cardiaques, grâce à une évaluation médicale appropriée. Consulter un médecin est essentiel pour comprendre la nature de la douleur et s'assurer qu'elle n'est pas liée à des pathologies plus graves.

En conclusion, les expressions physiques liées à l'anxiété varient considérablement d'une personne à l'autre et sont façonnées par plusieurs facteurs, notamment la gravité de l'anxiété, la fréquence des épisodes et les caractéristiques individuelles. Il est extrêmement important de comprendre que l'anxiété ne se limite pas au seul domaine mental, mais peut également se manifester à travers le corps.
Tous ces symptômes résultent de changements physiologiques qui se produisent dans le corps en réponse à un état de combat ou de fuite. Cependant, notre corps ne fait pas la distinction entre l'environnement qui l'entoure et une menace future imaginaire ou anticipée, c'est-à-dire entre la peur et l'anxiété. Reconnaître ces signes est la première étape vers une compréhension plus profonde et une gestion efficace de l'anxiété.
La consultation d'un professionnel de la santé est essentielle non seulement pour exclure d'éventuelles causes médicales sous-jacentes, mais également pour élaborer un plan de traitement personnalisé visant le bien-être général de l'individu. C'est un parcours qui doit être abordé avec compassion et attention, car chaque individu est unique dans son expérience et sa manière de gérer l'anxiété.

1.2 : SYMPTÔMES COMPORTEMENTAUX DES PERSONNES SOUFFRANT D'ANXIÉTÉ

Ces symptômes comportementaux sont liés aux actions qu'une personne entreprend ou évite pendant les épisodes d'anxiété.

Comportements à éviter

L'évitement est une réaction fréquemment observée face à l'anxiété et peut prendre différentes formes, laissant un impact significatif sur la vie quotidienne des personnes concernées. Lorsqu'une personne éprouve de l'anxiété dans certaines situations, elle tente souvent de les éviter activement, cherchant ainsi à réduire la détresse émotionnelle associée.

Par exemple, une personne qui éprouve de l'anxiété lors de réunions sociales peut décider consciemment d'éviter d'assister à des événements où elle doit interagir avec d'autres. Cette attitude peut aller jusqu'à éviter des lieux bondés ou des situations sociales susceptibles de générer de l'anxiété. L'individu peut aussi limiter les activités impliquant des interactions sociales, préférant des contextes plus contrôlés ou isolés.

Dans les situations où il existe une peur spécifique, comme celle d'un ascenseur, la personne peut activement éviter de prendre l'ascenseur, choisissant plutôt les escaliers. Ce comportement d'évitement est une stratégie d'adaptation qui vise à minimiser le risque perçu et à atténuer l'anxiété.

Cependant, il est important de noter que les comportements d'évitement peuvent avoir des conséquences négatives à long terme. Bien que cela puisse temporairement soulager l'anxiété, cela peut également limiter les opportunités de croissance personnelle et de participation à des expériences significatives. De plus, l'évitement peut renforcer la perception du danger associé à certaines situations, contribuant ainsi à entretenir l'anxiété au fil du temps.

La fuite

Le choix de fuir est un autre comportement courant en réaction à l'anxiété, caractérisé par le désir de se désengager rapidement d'une situation qui provoque une détresse émotionnelle. Face à une situation anxiogène, le désir instinctif de fuite peut devenir irrésistible, poussant l'individu à se réfugier immédiatement dans des lieux ou des conditions considérés comme sûrs.

Par exemple, une personne ayant une forte peur des endroits bondés peut tenter de fuir un lieu ou un environnement similaire où se trouve une grande foule. Ce comportement de fuite repose sur la nécessité de réduire le sentiment de danger perçu et l'inconfort lié à l'anxiété.

Cependant, il est important de comprendre que fuir comme stratégie d'adaptation peut avoir des conséquences à long terme. Même si cela peut temporairement soulager, cela peut également renforcer la peur et l'anxiété associées à certaines situations, créant ainsi un cycle d'évitement qui limite les expériences et les opportunités de croissance personnelle.

Se livrer à des activités malsaines

Adopter des comportements malsains apparaît comme une autre manière pour certaines personnes de faire face à l'anxiété. En particulier, les personnes souffrant de niveaux d'anxiété élevés peuvent recourir à des comportements à risque ou autodestructeurs pour tenter de trouver un soulagement temporaire ou d'échapper momentanément à une détresse émotionnelle.

Parmi ces stratégies, la consommation excessive d'alcool et l'abus de drogues sont deux des comportements les plus courants. L'alcool et les substances psychoactives peuvent offrir un soulagement temporaire des symptômes d'anxiété en créant une sensation de relaxation ou de distraction. Cependant, il est important de noter que de tels comportements représentent des solutions à court terme et peuvent entraîner de graves conséquences sur la santé physique et mentale à long terme.

La consommation de substances comme moyen de faire face à l'anxiété peut entraîner un cycle dangereux où l'individu développe une dépendance à la substance pour gérer son anxiété quotidienne. Cela peut entraîner une détérioration de la santé mentale et physique, ainsi que des problèmes relationnels et professionnels.

Limiter son emploi du temps

Limiter son emploi du temps est un comportement d'adaptation souvent choisi par certaines personnes pour gérer leur anxiété. Cela se manifeste lorsque les individus ressentent le besoin de limiter leur participation aux activités quotidiennes et de restreindre les environnements ou situations susceptibles de déclencher de l'anxiété, cherchant ainsi à créer un espace de confort et de sécurité en privilégiant des contextes connus et familiers.

Un exemple concret pourrait être lorsqu'une personne ressent de l'anxiété dans des situations sociales ou dans des lieux bondés ; dans ce cas, elle peut choisir de limiter les interactions sociales et d'éviter les lieux publics tels que les centres commerciaux ou les rassemblements sociaux. Cependant, il est essentiel de comprendre que ce choix comporte des inconvénients importants à long terme. La limitation des activités quotidiennes peut avoir un impact sur la qualité de vie et la participation sociale, réduisant les opportunités de croissance personnelle et professionnelle. De plus, cela peut entretenir et renforcer la peur associée à certaines situations, alimentant ainsi un cycle d'évitement qui peut être difficile à briser.

Attachement à une personne ou à un objet de sécurité

L'attachement à une personne ou à un objet de sécurité représente un comportement qui peut se manifester lorsque l'anxiété exerce une forte influence sur une personne. Dans cette situation, une dépendance psychologique se développe à l'égard d'une figure ou d'un objet spécifique, perçu comme source de confort et de sécurité. Ce lien peut devenir si puissant que l'individu recherche constamment la présence de cette figure ou de cet objet, manifestant une résistance considérable à s'en séparer.

Par exemple, si une personne souffrant d'anxiété identifie une personne de confiance spécifique ou un objet particulier comme source de calme, elle peut éviter de quitter son domicile ou de se rendre dans des lieux comme l'école, en essayant de rester en contact étroit avec une personne ou un objet de sécurité. Ce comportement d'attachement peut interférer considérablement avec les routines quotidiennes et créer des difficultés à gérer les activités normales.

Le principal problème de ce type de comportement est que, s'il n'est pas traité, il peut contribuer à intensifier le trouble anxieux au fil du temps. La dépendance à l'égard d'une figure de sécurité limite les capacités à développer son autonomie et à affronter progressivement les situations redoutées. De plus, cela peut rendre difficile la gestion de l'anxiété dans des contextes où la personne ou l'objet de sécurité n'est pas disponible.

En conclusion, les comportements des personnes anxieuses reflètent les stratégies mises en œuvre pour faire face aux défis émotionnels et psychologiques associés à l'anxiété. Les actions réalisées ou évitées découlent souvent de l'urgence de gérer l'inconfort et de réduire la perception de menace. Il est important de comprendre que, bien que ces comportements puissent apporter un soulagement temporaire, ils peuvent, à long terme, limiter les opportunités de croissance personnelle et interférer avec une vie quotidienne épanouissante. La lutte contre l'anxiété nécessite une approche intégrée qui implique la prise de conscience des comportements affichés, la compréhension des racines de l'anxiété et le développement de stratégies d'adaptation plus adaptatives.

1.3 : SYMPTÔMES ÉMOTIONNELS DES PERSONNES SOUFFRANT D'ANXIÉTÉ

L'anxiété, étant une émotion, se manifeste à travers une diversité de sentiments, qui se traduisent par des symptômes émotionnels.

Appréhension

L'appréhension représente un aspect pertinent dans le panorama émotionnel complexe lié à l'anxiété. Cela se manifeste par un sentiment persistant d'inquiétude et de peur face aux événements futurs, avec l'anticipation que quelque chose de négatif ou de désagréable pourrait se produire dans un avenir proche. Cet état émotionnel, caractérisé par une sorte d'inquiétude constante, peut avoir un impact important sur la santé mentale d'un individu.

Les personnes vivant avec de l'inquiétude constante peuvent ressentir une tension chronique, se manifestant par une inquiétude persistante face aux situations à venir, même si la source précise de cette inquiétude n'est pas claire ou immédiate. Cette anticipation continue d'événements indésirables peut affecter le bien-être général, générant des sentiments d'agitation, d'irritabilité et des difficultés à se concentrer sur les tâches quotidiennes.

Souvent, l'inquiétude s'accompagne d'une perception d'hypervigilance, la personne étant constamment en alerte face à tout signe de menace ou de problèmes futurs. Cette attitude peut conduire à un mode de pensée catastrophique, dans lequel on surestime la probabilité d'événements négatifs et sous-estime sa capacité à y faire face.

Angoisse

L'angoisse se présente comme une expérience émotionnelle profondément douloureuse liée à l'anxiété, se manifestant par un état persistant de douleur et de souffrance émotionnelles. Ce symptôme peut prendre différentes formes, depuis une sensation générale d'inconfort jusqu'à une douleur plus spécifique et aiguë liée à des soucis particuliers.

Pour ceux qui éprouvent de l'angoisse, se plonger dans un sentiment omniprésent de tristesse et de désespoir est une véritable expérience. Cet état émotionnel peut entraîner un sentiment d'oppression, accompagné de pensées intrusives et négatives, ajoutant un poids émotionnel insupportable.

L'angoisse peut affecter la capacité à profiter de la vie quotidienne, nuisant au bien-être émotionnel et à la qualité des relations interpersonnelles. De plus, elle peut être associée à des symptômes physiques tels que des troubles du sommeil, des problèmes digestifs ou des tensions musculaires, avec un impact global sur la santé physique et mentale.

Terreur

La terreur, dans le contexte de l'anxiété, est une expérience émotionnelle caractérisée par une crainte intense. Cet état émotionnel peut être lié à un profond sentiment de peur envers un élément précis, souvent perçu comme menaçant ou susceptible de générer un danger.

Ceux qui vivent la terreur peuvent éprouver une forme de peur accrue qui va au-delà de l'anxiété commune, se manifestant par un sentiment d'impuissance face à ce qu'ils craignent. Cette réaction peut s'accompagner d'une activation significative du système nerveux autonome, entraînant des réponses physiologiques telles qu'une augmentation du rythme cardiaque, de la transpiration et des sensations de mal-être.

La terreur peut être associée à différentes sphères de la vie, notamment à des peurs spécifiques telles que les phobies ou à des préoccupations plus larges concernant des événements futurs. Cette expérience émotionnelle peut également affecter la qualité de la vie quotidienne, limitant la capacité à faire face à certaines situations ou à maintenir un niveau sain de fonctionnement émotionnel.

Nervosité

La nervosité représente un état émotionnel qui génère un niveau d'agitation capable de compromettre la tranquillité mentale d'un individu. Cette expérience peut se manifester par un sentiment général d'agitation et d'irritabilité, conduisant la personne à se sentir constamment tendue et incapable d'atteindre un état de sérénité mentale.

Ceux qui ressentent de la nervosité peuvent avoir du mal à se détendre ou à se concentrer, car ils ressentent une instabilité émotionnelle. Cet état peut être déclenché par divers facteurs, comme des situations stressantes, des inquiétudes excessives ou une perception de menace imminente. Dans certains cas, la nervosité peut devenir chronique, affectant considérablement la qualité de vie quotidienne et la capacité à faire face aux défis quotidiens de manière calme et réfléchie.

La nervosité peut également se manifester par des symptômes physiques, tels que des tremblements, des sueurs et des tensions musculaires, contribuant ainsi à un cercle vicieux de détresse émotionnelle et de manifestations physiques.

Se sentir dépassé

Ressentir un sentiment de surcharge représente un état émotionnel dans lequel un individu commence à percevoir un sentiment d'impuissance et d'échec dans la réalisation de ses actions et objectifs. Cette expérience peut être caractérisée par un sentiment de débordement, dans lequel le poids des défis et des responsabilités quotidiennes devient accablant, dépassant la capacité de l'individu à y faire face efficacement.

Ceux qui éprouvent ce sentiment de débordement peuvent ressentir de la frustration, avec la perception que les exigences de la vie sont trop accablantes ou complexes pour y faire face. Cet état émotionnel peut se manifester dans différentes situations, tant personnelles que professionnelles, et peut être exacerbé par des facteurs tels que le stress chronique, une charge de travail élevée ou des pressions relationnelles.

Se sentir submergé peut nuire à votre santé mentale et physique, contribuant à des symptômes tels que la fatigue chronique, des difficultés de concentration et des perturbations du sommeil.

Panique

La panique est une crise émotionnelle intense dans laquelle un individu se retrouve submergé par un sentiment de peur si accablant que la raison et la pensée logique deviennent difficiles. Cette expérience se caractérise par une manifestation rapide et envahissante d'anxiété, souvent accompagnée de symptômes physiques et cognitifs qui contribuent à un sentiment de perte de contrôle.

Ceux qui souffrent de panique peuvent ressentir une accélération soudaine du rythme cardiaque, des difficultés à respirer, de la transpiration et une sensation d'oppression dans la poitrine. Ces symptômes physiques peuvent intensifier encore la peur, contribuant ainsi à un sentiment de danger imminent, même s'il n'existe aucune menace immédiate évidente.

D'un point de vue cognitif, la panique peut générer des pensées catastrophiques et irrationnelles, amplifiant la perception du danger et rendant difficile le maintien d'une perspective rationnelle sur la situation. Cet état peut être si accablant qu'il génère une peur persistante de vivre de nouveaux épisodes de panique, alimentant ainsi un cercle vicieux d'anxiété.

Malaise

L'inconfort est un état émotionnel dans lequel un individu éprouve un sentiment de gêne ou d'inconfort lié à une personne ou à une situation précise. Cet état peut prendre de nombreuses formes, allant de la tension et de l'embarras à une impression générale d'incapacité à s'intégrer ou de déconnexion.

Ceux qui se trouvent dans un état d'inconfort peuvent vivre une situation qui ne correspond pas à leurs attentes, leurs valeurs ou leur confort émotionnel. Ce sentiment peut naître de dynamiques relationnelles complexes, de contextes sociaux difficiles ou d'environnements dans lesquels on ne se sent pas à sa place. L'inconfort peut affecter la communication interpersonnelle, rendant l'interaction avec les autres difficile et compromettant la qualité des relations.

Cet état émotionnel peut également être associé à des situations dans lesquelles l'individu se sent exposé, vulnérable ou critiqué. Cet état peut avoir un impact sur la santé mentale, affectant la capacité à faire face de manière constructive aux défis quotidiens.

Peur

La peur est une émotion puissante qui survient lorsque vous percevez un danger ou une menace dans certaines circonstances. Cette réaction physiologique et psychologique prépare le corps à faire face à des situations potentiellement dangereuses et peut varier en intensité et en durée, prenant différentes formes selon la nature de la menace perçue.

Sur le plan physiologique, la peur induit une série de réactions dans le corps, comme une accélération du rythme cardiaque, une respiration plus rapide, une dilatation des pupilles et la libération d'adrénaline. Ces réponses préparent le corps à faire face à la menace rapidement et avec force, faisant partie de la réaction de lutte ou de fuite.

La peur peut être classée en différents types, comme la peur de situations spécifiques (phobies), la peur de perdre le contrôle (anxiété) ou la peur d'un danger imminent. En outre, elle peut être classée comme rationnelle ou irrationnelle, selon la gravité et la probabilité réelle de la menace perçue.

Inquiétude

L'inquiétude est un sentiment marqué par une tension mentale et émotionnelle, souvent liée à des problèmes réels ou potentiels. Cet état mental apparaît lorsqu'un individu est confronté à des incertitudes, des difficultés ou des événements stressants, provoquant des pensées anxieuses concernant ce qui pourrait arriver à l'avenir.

L'inquiétude peut varier en intensité et en durée et concerner un large éventail de sujets, notamment la santé, le travail, les relations ou d'autres aspects de la vie quotidienne. C'est une partie normale de la vie, car cela peut être utile pour vous préparer à des défis ou pour planifier des événements à venir. Cependant, elle devient problématique lorsqu'elle est excessive, constante et nuit au bien-être global de l'individu.

Sur le plan cognitif, l'inquiétude peut s'accompagner de pensées circulaires, d'anticipations négatives et de difficultés à se concentrer sur d'autres choses. Cet état mental peut également affecter le sommeil, la concentration et la qualité de vie.

Crainte

La crainte est une émotion marquée par une forte appréhension face à des événements négatifs ou à des malheurs imminents. Cette émotion peut être déclenchée par différentes situations ou contextes perçus comme menaçants ou potentiellement dangereux.

Contrairement à la peur, qui est généralement liée à des menaces immédiates, l'inquiétude peut être plus subtile et associée à des préoccupations ou des angoisses moins définies. Cela se manifeste par un sentiment d'agitation ou de nervosité face à un éventuel résultat redouté, même en l'absence de menace concrète dans le moment présent.

La crainte peut influencer la façon dont un individu aborde les défis quotidiens, les risques ou les décisions importantes. Cet état émotionnel peut conduire à un comportement plus prudent ou à une aversion face à des situations perçues comme incertaines ou dangereuses. Cependant, lorsque la crainte devient excessive ou persistante, elle peut nuire considérablement à la qualité de vie et limiter la croissance personnelle.

En conclusion, de nombreuses personnes, adultes et enfants, ont du mal à communiquer et à expliquer leurs émotions. Il est courant d'entendre qu'elles ne peuvent pas décrire avec précision ce qu'elles vivent lorsqu'on leur demande d'exprimer leur expérience émotionnelle. Cette difficulté à exprimer ses émotions peut provenir de divers facteurs, notamment de la complexité inhérente des émotions elles-mêmes et des différences individuelles dans la capacité à exprimer ses états émotionnels.

L'aspect émotionnel de l'anxiété, en particulier, entraîne une détresse considérable, impliquant des sentiments intenses d'inquiétude ou de peur. L'aspect émotionnel peut être difficile à comprendre, et les gens peuvent se sentir submergés par une multitude d'émotions sans parvenir à identifier clairement ce qu'ils ressentent.

Parallèlement, les aspects physiques de l'anxiété, comme les réactions corporelles décrites précédemment, peuvent entraîner des perturbations significatives dans la vie quotidienne et dans le bien-être général. Si elles ne sont pas gérées correctement, ces manifestations physiques peuvent nuire à votre qualité de vie, affectant le travail, les relations et les activités quotidiennes. Reconnaître et comprendre ces deux aspects de l'anxiété est une étape clé pour cheminer vers le bien-être émotionnel.

1.4 : SYMPTÔMES COGNITIFS DES PERSONNES SOUFFRANT D'ANXIÉTÉ

Souvent, lorsque nous sommes confrontés à de l'anxiété, notre esprit devient une sorte de course folle de pensées, que nous en soyons conscients ou non. Même sans anxiété, des milliers de pensées nous traversent l'esprit quotidiennement. Cependant, lorsque nous ressentons de l'anxiété, les pensées qui émergent sont souvent de nature inquiétante, et leur variété dépend à la fois de la situation dans laquelle nous nous trouvons et de notre individualité.

Ceux qui souffrent d'anxiété sociale ont souvent peur que leur anxiété soit clairement évidente pour les autres, craignant des jugements négatifs. Les inquiétudes de ces personnes concernent la peur d'être perçues comme peu attrayantes, stupides ou ennuyeuses, et la peur de perdre le contrôle de la situation, souvent liée à des pensées obsessionnelles. Certains d'entre eux craignent même de développer de graves problèmes, comme la peur irrationnelle de causer du tort à autrui, même en l'absence de preuves concrètes.

Dans le cas du trouble d'anxiété généralisée, la personne anxieuse craint constamment que ses pensées obsessionnelles puissent lui causer du tort. Dans un paradoxe surprenant, la personne devient convaincue que l'inquiétude est essentielle pour se préparer et prévenir d'éventuelles erreurs.

La surestimation est un autre aspect fréquent de l'anxiété, où les gens ont tendance à surestimer la probabilité d'événements négatifs, tout en sous-estimant leur capacité à faire face à de telles situations lorsqu'elles se présentent. Par exemple, ils peuvent sous-estimer leur capacité à gérer un conflit avec un proche.

L'anxiété a le pouvoir de miner la confiance en soi, en faisant en sorte qu'une personne se sente inadéquate et en rendant ses pensées plus figées ou obsédantes. Ces pensées troublantes peuvent varier en fonction du type spécifique de trouble anxieux ou des antécédents personnels liés à l'anxiété de la personne concernée.

1.5 : SYMPTÔMES PSYCHOLOGIQUES DES PERSONNES SOUFFRANT D'ANXIÉTÉ

L'anxiété, en plus de provoquer des symptômes physiques, a un impact profond sur la dimension psychologique, laissant des traces dans divers aspects de notre esprit et de notre comportement.

- Difficulté à se concentrer ou à maintenir l'attention sur une tâche.
- Perte de mémoire ou troubles de la mémoire.
- Malaise, perte d'appétit, léthargie et autres signes associés à la dépression.

À l'origine de l'anxiété pathologique se trouve une évaluation cognitive déformée de la situation. Cela consiste à surestimer les menaces liées à un défi donné, tout en sous-estimant simultanément la capacité à y faire face. En d'autres termes, les personnes anxieuses tendent à percevoir le défi comme plus menaçant qu'il ne l'est réellement, tout en sous-évaluant leurs ressources et leurs compétences pour y faire face avec succès.

Le prix de l'anxiété

L'anxiété entraîne un certain nombre de conséquences majeures, dont des symptômes qui peuvent affecter négativement la vie d'une personne, lui faisant manquer des opportunités et compromettant son bien-être. Lorsque l'anxiété persiste sans être identifiée et traitée correctement, son impact peut devenir considérable, affectant la qualité de vie et le développement personnel.

Opportunités manquées

Les personnes confrontées à l'anxiété dans des situations sociales peuvent rater des opportunités relationnelles et professionnelles précieuses en raison de leur anxiété sociale. La difficulté à se mettre en avant peut mener à des situations où la personne se sent isolée, observant passivement les occasions lui échapper. L'anxiété sociale peut limiter la participation active à la vie sociale et professionnelle, réduisant les chances de saisir pleinement les opportunités qui se présentent.

Relations ratées

La peur de s'exprimer pleinement peut conduire les personnes anxieuses à des relations dysfonctionnelles. L'anxiété sociale et la timidité peuvent rendre difficile l'établissement de liens sains et épanouissants avec les autres. Cette peur d'exprimer pleinement ses pensées et ses sentiments peut altérer la qualité des relations, conduisant à des dynamiques qui ne favorisent pas le bien-être émotionnel ni la compréhension mutuelle.

Problèmes de santé

L'inconfort de la mâchoire, le bruxisme, les maux de tête et le syndrome de l'intestin irritable peuvent devenir fréquents chez les personnes anxieuses. Lorsqu'elle n'est pas gérée correctement, l'anxiété peut se manifester par divers symptômes physiques, affectant la santé générale du corps. Ces troubles peuvent être liés au niveau de tension musculaire et de stress généré par l'anxiété, soulignant l'importance d'aborder et de traiter adéquatement cet état émotionnel afin de préserver le bien-être physique et mental.

Abus de substances

Pour tenter d'apaiser leur douleur émotionnelle, certaines personnes peuvent recourir à une consommation excessive d'alcool ou à l'usage de drogues pour anesthésier leur souffrance.

Cette attitude autodestructrice est une réponse inappropriée à l'anxiété, car elle recherche un soulagement temporaire grâce à des substances qui, à long terme, peuvent aggraver la situation. Il est essentiel de comprendre que la consommation excessive de substances ne traite pas les causes profondes de l'anxiété et peut entraîner des complications physiques et mentales. Cela souligne l'importance d'adopter des approches plus saines pour gérer le stress et l'anxiété, plutôt que de chercher des solutions temporaires qui pourraient avoir des conséquences plus graves sur le long terme.

Absentéisme au travail

Pour éviter les situations génératrices d'anxiété, certaines personnes peuvent aller jusqu'à refuser de se rendre au travail, compromettant ainsi leur performance, leur productivité et, dans les cas extrêmes, risquant de perdre leur emploi. Cette attitude d'évitement peut être alimentée par la peur de faire face à des défis quotidiens, entraînant des conséquences notables dans le domaine professionnel. Gérer l'anxiété de manière appropriée et rechercher du soutien sont essentiels pour maintenir un environnement de travail positif et durable.

Suicide

En raison de l'embarras et de la perte d'estime de soi causés par l'anxiété, certaines personnes peuvent développer des sentiments de haine de soi, menant ainsi à des pensées suicidaires. Cette voie sombre et dangereuse représente une manifestation sérieuse des effets dévastateurs de l'anxiété sur la santé mentale. Il est crucial de souligner l'importance de chercher un soutien précoce auprès de professionnels de la santé mentale et d'autres personnes dans des situations similaires, afin de prévenir des conséquences tragiques et de promouvoir le bien-être émotionnel.

En conclusion, l'anxiété ne se limite pas uniquement aux symptômes physiques, mais affecte profondément notre bien-être psychologique, influençant divers aspects de notre esprit et de notre comportement. Son origine réside souvent dans une évaluation déformée des défis, avec une tendance à surestimer les menaces tout en sous-estimant ses propres capacités à y faire face. Le coût de l'anxiété est considérable et a des conséquences néfastes sur la vie des personnes concernées. Les opportunités relationnelles et professionnelles peuvent être perdues à cause de la timidité, les relations peuvent être fragilisées par la peur de s'exprimer et des problèmes de santé physique peuvent se manifester en raison d'une gestion inappropriée de l'anxiété. La consommation excessive de substances, l'absentéisme au travail, et même le risque de pensées suicidaires peuvent résulter d'une lutte constante contre l'anxiété. Il est essentiel d'aborder l'anxiété de manière appropriée en recherchant du soutien et en adoptant des approches saines pour la gestion du stress, afin de préserver le bien-être émotionnel et la qualité de vie.

CHAPITRE 2 : MANIFESTATIONS ET CAUSES DES TROUBLES ANXIEUX

Les symptômes des troubles anxieux peuvent survenir à différents moments de la vie, de l'enfance à l'adolescence, et se poursuivre jusqu'à l'âge adulte. Les signes les plus courants d'anxiété intense incluent des sentiments de tension, de nervosité et d'agitation. Les personnes souffrant de troubles anxieux peuvent ressentir un sentiment constant de panique et de peur face à un danger imminent durant des épisodes d'anxiété intense.

Pendant ces périodes, elles sont également susceptibles de ressentir des sueurs, des tremblements, une accélération du rythme cardiaque et des sentiments de faiblesse ou de fatigue extrême. D'autres symptômes incluent des difficultés à se concentrer, l'incapacité de penser à autre chose que ses préoccupations habituelles, des troubles du sommeil, l'évitement des situations déclenchantes et des difficultés à contrôler les sentiments d'inquiétude.

Les causes du développement des troubles anxieux sont multiples. Certaines personnes en souffrent en raison de problèmes de santé tels que le diabète, des douleurs chroniques, une dépendance aux drogues ou à l'alcool, des troubles respiratoires tels que l'asthme ou une maladie pulmonaire obstructive chronique, des tumeurs cérébrales qui produisent des hormones spécifiques au stress, des maladies cardiaques et des problèmes de thyroïde tels que l'hyper- ou hypothyroïdie.

La prise de certains médicaments, notamment les psychotropes ou les stimulants, peut également contribuer à l'anxiété. Il existe des indices spécifiques qui peuvent indiquer que l'anxiété d'une personne est en réalité symptomatique d'un problème de santé sous-jacent. Par exemple, l'absence d'antécédents familiaux de troubles anxieux pourrait suggérer une origine liée à une condition médicale. D'autres signes d'anxiété liés à des problèmes médicaux peuvent inclure l'absence d'antécédents d'anxiété dans l'enfance, ainsi que l'apparition soudaine d'anxiété sans cause évidente, sans antécédents d'anxiété intense.

Les événements traumatisants de la vie peuvent déclencher de l'anxiété, souvent liée à un sentiment de honte. Les gens peuvent ressentir de l'anxiété en raison de problèmes financiers ou de diagnostics médicaux graves, mais l'anxiété est souvent profondément liée à la peur de la honte. Cela se produit lorsqu'une personne intériorise des expériences traumatisantes de honte, remontant généralement à l'enfance.

L'anxiété liée à la honte peut avoir de graves conséquences sur la santé mentale et physique d'un individu, alimentant une faible estime de soi. Il est normal que les gens ressentent une certaine anxiété ou s'inquiètent de la façon dont ils seront jugés par les autres, mais lorsque cette anxiété se transforme en anxiété de honte, cela peut entraîner une sensibilité excessive aux critiques, tant réelles qu'imaginaires, de la part de soi-même et des autres.

Ceux qui souffrent d'anxiété de honte peuvent être confrontés à des défis mentaux et physiques, développer des phobies sociales ou éprouver des symptômes de dépendance émotionnelle. Par exemple, un comportement obsessionnel de contrôle envers les autres ou une dépendance à des substances peuvent apparaître.

Les hommes et les femmes vivent l'anxiété de honte de manière différente. Les hommes souffrent souvent d'anxiété liée à leur travail, redoutant l'échec ou la perception de ne pas être considérés comme compétents. Les femmes, en revanche, ressentent souvent une anxiété de honte liée à leur apparence physique et à leurs relations, cherchant à atteindre un perfectionnisme pour être acceptées par les autres.

L'anxiété de honte est aussi liée à un sentiment d'abandon émotionnel. Dans des situations de perte d'intimité, comme un divorce, une maladie ou le décès d'un proche, la personne anxieuse peut se blâmer, croyant à tort avoir commis des erreurs.

Ce schéma de pensée négatif découle de l'anxiété de honte, qui conduit à une perception de rejet de la part des autres en raison d'insuffisances perçues. Même la mort d'un être cher peut déclencher un sentiment d'abandon émotionnel, rappelant des situations similaires vécues pendant l'enfance. En réponse, ceux qui souffrent d'anxiété de honte peuvent adopter des comportements autodestructeurs vis-à-vis de leurs proches avant leur décès.

Le poids de l'abandon émotionnel passé influence fortement l'anxiété future de l'individu. Si, par exemple, une personne a vécu un abandon émotionnel dans son enfance, elle peut avoir des peurs et des inquiétudes intenses quant à la possibilité de revivre ces mêmes sentiments de solitude plus tard dans la vie. Souvent, cette personne n'a pas conscience qu'elle est constamment en état d'hypervigilance. L'anxiété de honte devient également un compagnon constant de l'abandon émotionnel.

Plusieurs facteurs environnementaux peuvent agir comme facteurs déclencheurs du développement de l'anxiété, notamment le stress lié au travail, la dynamique des relations personnelles, les pressions scolaires et une longue liste de responsabilités quotidiennes. L'anxiété peut être encore exacerbée si une personne se trouve en haute altitude, où les niveaux d'oxygène sont réduits. Outre les facteurs environnementaux, les causes génétiques jouent également un rôle, puisque la présence d'un trouble anxieux chez un membre de la famille augmente les risques de développer un trouble similaire chez d'autres membres. Cette combinaison de facteurs environnementaux et génétiques peut également entraîner des modifications dans la chimie et le fonctionnement du cerveau. Cela signifie qu'une même personne peut réagir de manière plus impulsive et de manière plus intense à des déclencheurs qui, dans le passé, n'auraient pas provoqué d'anxiété. Les psychologues et les neurologues ont même décrit l'anxiété et les troubles de l'humeur comme des troubles liés à des déséquilibres chimiques et des signaux dans le cerveau.

Non seulement il faut identifier les causes fondamentales au développement d'un trouble anxieux, mais il est également important de considérer les facteurs de risque qui peuvent augmenter les chances qu'une personne ressente cette forme d'inconfort. Les expériences traumatisantes font partie des principaux facteurs de risque. Lorsqu'un enfant survit à un abus ou est témoin d'un événement traumatisant, il court un risque élevé de développer un trouble anxieux plus tard dans sa vie. Cette vulnérabilité se retrouve également chez les adultes impliqués dans des événements traumatisants, car eux aussi sont plus exposés au risque de développer un trouble anxieux.

Un facteur de risque supplémentaire est lié au diagnostic d'une maladie. Comme mentionné plus haut, certains problèmes médicaux peuvent provoquer de l'anxiété, mais il est également vrai que tout problème lié à la santé peut entraîner des niveaux de stress importants. Il est donc compréhensible qu'une condition médicale grave puisse susciter des inquiétudes considérables quant aux aspects liés au traitement et à l'avenir de la maladie.

En plus d'être soumis au stress causé par des conditions médicales, les individus peuvent être confrontés à des situations stressantes générées par des événements marquants ou par une série de petits stress quotidiens, tous deux capables de déclencher une anxiété intense. Des exemples de telles situations comprennent la perte d'un être cher ou des inquiétudes persistantes concernant des questions financières.

La personnalité joue un rôle important dans le risque de développer des troubles anxieux. Chaque personnalité peut être exposée à une forme de stress ou d'anxiété liée à la vie, mais certains types ont une plus grande propension à des troubles anxieux spécifiques. Par exemple, une personne ayant une personnalité de type A peut être plus sujette au stress, à l'inquiétude et à la peur de l'échec. Les personnes ayant une personnalité de type B peuvent s'inquiéter de l'avenir, tandis que les personnes de type C peuvent craindre le jugement et la critique, étant ainsi plus susceptibles au trouble d'anxiété sociale. Enfin, les personnes ayant une personnalité de type D, qui se caractérisent par l'inquiétude et le pessimisme, ont un plus grand risque d'être atteintes de troubles anxieux généralisés.

Un facteur de risque supplémentaire est la présence d'autres troubles mentaux. Il est courant que les personnes souffrant de troubles mentaux, comme la dépression, développent également une forme de trouble anxieux.

Enfin, les substances psychoactives, tant en cas d'abus ou de sevrage, représentent un autre facteur de risque. Les deux situations peuvent contribuer à aggraver les symptômes d'anxiété.

En plus de comprendre les facteurs de risque, il est essentiel que les gens soient conscients des complications possibles associées aux troubles anxieux. Ces troubles sont non seulement préoccupants, mais peuvent également aggraver d'autres symptômes mentaux et physiques. Les complications mentales possibles comprennent la dépression, la toxicomanie et les pensées suicidaires. Sur le plan physique, il peut y avoir des difficultés à dormir, un isolement social, des problèmes de performance au travail ou à l'école et une mauvaise qualité de vie en général.

L'anxiété normale survient lorsque vous êtes préoccupé par un événement spécifique. Par exemple, imaginez que vous avez un entretien d'embauche demain et que vous vous réveillez plus tard que d'habitude. Dans ce cas, vous pourriez ressentir de l'anxiété en craignant d'être en retard à l'entretien. Cependant, une fois que vous vous habillez et sortez, réalisant que vous n'êtes pas en retard, la tension disparaîtra et l'anxiété se dissipera. Ce type d'anxiété est tout à fait normal.

La situation change lorsqu'il s'agit d'anxiété chronique, où l'inquiétude devient constante et irrationnelle. Les personnes souffrant d'anxiété chronique se retrouvent souvent avec un esprit hyperactif, constamment alerté par des dangers imminents. Cette condition rend difficile pour la personne de réagir de manière appropriée, car l'inquiétude tend à obscurcir sa capacité de raisonnement. Ceux qui souffrent d'anxiété chronique ont l'impression d'être enveloppés dans un épais brouillard difficile à dissiper. Dans ces conditions, vous ne savez jamais ce que votre esprit interprétera comme un « danger ». À un moment donné, vous pouvez vous sentir parfaitement bien, tandis que l'instant suivant, vous êtes envahi par des pensées négatives. L'esprit peut percevoir n'importe quoi comme un danger potentiel, souvent en lien avec un traumatisme passé.

Imaginez devoir prononcer un discours devant une foule de milliers de personnes. Si vous n'êtes pas habitué à de telles situations, vous pourriez éprouver une anxiété normale. Cependant, lorsque vous montez sur scène, cela ne signifie pas que vous resterez sans voix ou que vous ne parlerez pas. En d'autres termes, une anxiété normale vous permet toujours d'agir de façon raisonnable. Il n'est pas rare qu'une personne souffrant d'anxiété normale, si elle est compétente dans un domaine particulier, passe la journée avec une relative tranquillité, réservant ses préoccupations pour son temps « libre ». Par exemple, vous pourriez passer une journée de travail sereine malgré des soucis personnels, pour ressentir leur poids une fois rentré chez vous, ce qui augmente votre anxiété.

Une personne souffrant d'anxiété chronique ne peut ignorer les symptômes qui l'affligent. Supposons que cette personne développe une anxiété chronique à la suite d'un divorce traumatisant qui a entraîné une dépression émotionnelle. Même une rencontre anodine, comme voir un enfant, peut raviver des souvenirs douloureux liés à la lutte pour la garde des enfants lors du divorce. Même regarder quelqu'un du sexe opposé avec des traits similaires à ceux de votre ex-conjoint peut déclencher de l'anxiété. L'esprit des personnes souffrant d'anxiété chronique trouve rarement la paix, ce qui provoque des symptômes intenses. La capacité de se concentrer sur quoi que ce soit devient un défi lorsque vous ressentez constamment un nuage sombre d'énergie négative au-dessus de votre tête. La personne devient irritable pendant la journée, et l'insomnie s'empare de la nuit. L'anxiété chronique a le pouvoir de paralyser les personnes touchées, rendant extrêmement difficile la gestion des défis quotidiens.

Comme mentionné précédemment, l'anxiété se manifeste par divers symptômes physiques. Une façon de les reconnaître est de réfléchir à ce qui arrive à votre corps lorsque vous ressentez de l'anxiété. Où ressentez-vous cette présence dans votre corps ? Personnellement, lorsque je suis anxieux, je ressens des vertiges, une vision floue, une faiblesse dans les jambes, des sueurs et des nausées. Il est important de se rappeler que si vous ressentez des sensations physiques inconfortables liées à l'anxiété et que les médecins n'identifient pas de problèmes physiques, vous êtes probablement confronté à un trouble anxieux. Bien que ces sensations soient gênantes, il est essentiel de savoir qu'elles ne peuvent pas provoquer de dommages physiques.

De plus, pendant les moments d'anxiété, il est crucial de réaliser l'impact que cela peut avoir sur votre processus de réflexion. Souvent, cela implique la peur et la terreur face à un danger imminent perçu. En d'autres termes, vous commencez à percevoir le monde comme un endroit menaçant et vous vous sentez constamment attaqué. Le principal problème est qu'en l'absence de menace réelle, une anxiété inutile est générée.

La manière la plus efficace de gérer ces pensées négatives est de tenter de les remplacer par des pensées positives et constructives. Cela signifie se concentrer sur les aspects positifs d'une situation spécifique, puis choisir de voir le bon côté des choses. En d'autres termes, vous évaluez la situation de manière réaliste, en pensant aux autres et à vous-même, et vous optez pour une vision équilibrée et juste de ce à quoi vous êtes confronté.

CHAPITRE 3 : ANXIÉTÉ SAINE ET MALSAINE

Anxiété positive

C'est une inquiétude légitime. Votre instinct de survie a repéré quelque chose et a décidé que cela pourrait constituer un réel danger. Une anxiété saine peut aussi survenir face à des événements stressants qui affecteraient n'importe qui, car ils sont importants et vous tirent de votre zone de confort. Ce type d'anxiété est ce que certains appelleraient la peur, et la peur est une forme légitime d'anxiété.

Les exemples sont:

- Promener dans les bois où vivent les ours et décider de ne pas utiliser la crème pour le visage au miel que vous appliquez habituellement.
- Décider que vous êtes trop fatigué pour continuer à conduire et vous arrêter pour dormir dans un motel.
- Vous sentir un peu nerveux parce que vous faites une présentation très importante.
- Être un peu nerveux avant de monter sur scène pour prononcer un discours.
- Décider de rester sur le bateau et de ne pas aller nager avec le dauphin gonflable après avoir vu émerger un aileron de requin.
- Être un peu anxieux lorsque vous déménagez dans un nouvel état ou pays pour commencer le prochain chapitre de votre vie.

- Se sentir un peu nerveux au moment de se marier, de commencer un nouvel emploi, de devenir parent, de faire un investissement sérieux, de démissionner, de se faire larguer, de demander le divorce, etc.

L'anxiété positive ne doit pas être évitée. Bien sûr, ce serait formidable si vous pouviez vous présenter à un entretien d'embauche important qui pourrait faire ou défaire votre carrière sans même la moindre trace d'anxiété, mais cela n'arrivera pas, car vous êtes humain comme tout le monde. L'astuce est de ne pas laisser l'anxiété vous retenir, de ne pas la laisser vous empêcher de donner le meilleur de vous-même. Vous apprendrez à le faire plus tard.

Pour l'instant, notez mentalement que certaines formes d'anxiété sont acceptables et que l'objectif ne peut pas être de l'éviter complètement. Si l'anxiété est présente, il vaut mieux la prendre et l'emporter avec vous, car une bonne anxiété peut être votre compagne qui vous fait mieux fonctionner.

Vous vous souvenez du cycle combat-fuite que je vous ai expliqué ? Ce tout premier soupçon d'anxiété que vous ressentez peut être un appel à la performance. Il y a un moment plus tard dans le cycle où l'anxiété devient débilitante et réduit considérablement vos performances. Ce premier soupçon d'anxiété, cependant, est grand, c'est ce que ressent tout grand artiste, athlète, homme d'affaires avant de monter sur scène, dans la salle de réunion ou sur le terrain de sport. Cette première notion d'anxiété vous rend mentalement plus alerte, vous aide à réfléchir plus vite et à être plus efficace.

Cependant, il sera essentiel de ne pas laisser l'anxiété atteindre un point de basculement, où une bonne anxiété peut se transformer en anxiété négative.

Anxiété négative

Il s'agit d'une anxiété débilitante qui vous empêche de profiter de la vie. Si vous êtes sujet à l'anxiété, une bonne anxiété peut tourner mal assez rapidement.

L'anxiété négative, c'est comme avoir une voiture de sport très rapide, mais rester constamment sur le frein et ne jamais ressentir la puissance pure et exaltante de la voiture.

Elle peut découler d'une anxiété saine qui s'intensifie si elle est nourrie par des pensées négatives, mais elle peut aussi émerger d'elle-même sur la base d'expériences passées dont notre cerveau s'est souvenu.

L'anxiété négative n'a aucune base, c'est la peur d'un danger inexistant, une erreur. Cela n'est pas destiné à se produire, cela ne sert à rien sauf à détruire la qualité de vie et à maintenir le pied sur le frein.

Voici quelques-uns de ses effets secondaires:

- Peur et évitement des rencontres sociales.
- Éviter les événements de réseautage où vous ne connaissez personne.
- Éviter les ponts, les autoroutes, les tunnels, la conduite automobile et l'avion.
- Ressentir une forme d'anxiété étrange et croissante lorsque vous vous éloignez de votre domicile ou d'autres endroits sûrs.
- Ne pas vouloir parcourir plus de X miles de chez soi.
- Éviter les foules.
- Éviter d'être seul.
- Craindre certaines pensées que vous essayez de ne pas avoir.
- Devenir fou lorsque vous ressentez une certaine sensation ou un symptôme dans votre corps.
- Devenir fou parce que vous avez certaines pensées que vous considérez comme « pas normales ».
- Limiter votre carrière parce que vous craignez le changement.
- Limiter votre carrière parce que vous vous sentez imposteur, comme si les gens allaient découvrir que vous n'appartenez pas à ce niveau.
- Problèmes relationnels, parce que vous devenez trop facilement nécessiteux ou jaloux.

Bien entendu, cette liste n'est en aucun cas exhaustive. Votre esprit est si créatif que vous pouvez imaginer toutes sortes de peurs.

Il est clair que c'est sur cette forme d'anxiété qu'il faudra travailler. Je me concentrerai beaucoup sur la façon de gérer une bonne anxiété, comment l'empêcher de devenir mauvaise et comment l'éliminer si elle change, plus loin dans ce livre.

Mais ne vous hâtez pas, car il est important de poser d'abord les bases. Une partie de ce qui vous aidera à surmonter vos anxiétés et vos crises de panique réside dans les informations présentées dans la première partie.

Un examen plus approfondi des types de troubles anxieux les plus courants peut également être un outil utile, afin que les individus puissent mieux faire face au trouble dont ils souffrent ou dont souffre un proche. Le trouble d'anxiété généralisée a déjà été décrit comme la peur et l'inquiétude face à des événements et des situations sociales. Cependant, ces inquiétudes ne concernent pas seulement certaines situations stressantes, mais aussi des événements qui interfèrent avec la vie quotidienne. Les préoccupations peuvent être liées au travail, à la famille, à la santé et à tout ce qui touche aux finances. La personne est généralement extrêmement préoccupée par de nombreux exemples mentionnés ci-dessus. Il est également possible que des événements mineurs de la vie quotidienne, comme les tâches ménagères ou le retard pour quelque chose, soient au cœur de son anxiété. Chacun des exemples donnés peut conduire à une anxiété incontrôlable, ainsi qu'au sentiment qu'un événement terrible est sur le point de se produire.

Trouble d'anxiété généralisée

Le trouble d'anxiété généralisée (TAG) touche environ 5 % de la population générale, mais atteint des sommets de 10 % chez les adolescents et est souvent associé à la dépression. Le TAG se caractérise par une inquiétude incontrôlée face à des événements et des activités qui peuvent avoir un résultat négatif. Une personne diagnostiquée d'un TAG est souvent perturbée par cette inquiétude, ce qui affecte sa vie quotidienne, sa vie sociale et sa vie académique.

Trouble obsessionnel compulsif

Le TOC est un trouble anxieux, fréquent aussi bien chez les hommes que chez les femmes, et touche environ 2 à 2,5 % de la population générale : cela signifie que sur 100 nouveau-nés, 2 ou 3 développeront ce trouble au cours de leur vie. En France, on estime qu'environ 1,3 à 1,5 million de personnes souffrent de TOC. Le TOC présente des symptômes dès le plus jeune âge et continue d'affecter les enfants jusqu'à l'âge adulte. Une personne atteinte de TOC a des pensées persistantes et est obsédée par des événements qui lui causent de la souffrance. Ces personnes tentent de résoudre ces préoccupations en accomplissant une série d'actions spécifiques et répétées. Elles croient qu'un changement dans la manière habituelle d'accomplir certaines tâches pourrait entraîner des conséquences négatives, voire nuire aux autres. Par exemple, si une personne oublie de faire quelque chose d'important, elle peut craindre que cet oubli n'entraîne un mauvais résultat.

Trouble de stress post-traumatique

Les femmes sont généralement plus vulnérables au SSPT que les hommes. De nombreux facteurs peuvent déclencher le développement du SSPT chez une personne : le viol, la mort d'un enfant ou d'un proche, un accident violent ou la sensation de n'avoir pas bien agi dans le passé sont des déclencheurs courants. Statistiquement, 65 % des hommes et 46 % des femmes violés développeront un SSPT plus tard dans leur vie.

Trouble panique

Le trouble panique ne nécessite pas de facteur déclencheur spécifique pour se développer, mais il s'agit d'un trouble hors du commun associé à des symptômes de panique soudains. Le trouble panique n'a presque jamais d'effet durable sur un individu, mais dure généralement de quelques minutes à une heure.

Troubles sociaux

Un petit pourcentage de la population mondiale souffre de ce trouble. Le trouble d'anxiété sociale varie en termes de gravité et de personne, et se caractérise par une peur d'interagir ou de socialiser avec des personnes inconnues dans un environnement différent. Certaines personnes se sentent socialement emprisonnées et sont tellement limitées par la peur qu'elles préfèrent éviter certains événements sociaux, aussi petits soient-ils. Une personne souffrant d'un trouble social se prive d'interactions sociales et se sent mal à l'aise lors des contacts physiques.

Souvent, ces personnes évitent les interactions sociales simplement pour éviter de gérer leur anxiété.

Phobies spécifiques

Une personne atteinte de ce type de trouble anxieux peut avoir certaines craintes concernant des situations, des activités ou des animaux spécifiques. Ces personnes se sentent anxieuses lorsqu'elles rencontrent un serpent, lorsqu'elles prennent l'avion pour la première fois, ou lorsqu'elles montent des escaliers. La réponse rationnelle à ces situations est la peur, car elles peuvent représenter une menace pour la sécurité.

Trouble d'anxiété de séparation

Les gens ressentent de l'anxiété en raison de la séparation d'avec leurs proches ou des personnes avec lesquelles ils ont des liens émotionnels forts. Les enfants souffrent généralement de ce trouble anxieux, surtout entre six mois et sept ans, mais cela peut également se manifester chez les enfants plus âgés. Ce trouble est défini par la séparation d'une personne de ses proches. Par exemple, la séparation d'un enfant de sa mère peut être à l'origine de ce trouble. Ce trouble peut persister tout au long de la vie. Le trouble d'anxiété de séparation reflète un certain stade de développement cognitif chez l'enfant, il ne faut donc pas le réduire à un simple problème de comportement.

Agoraphobie

L'agoraphobie est un trouble caractérisé par la peur de situations ou d'endroits perçus comme dangereux et sans issue facile. Une personne souffrant de ce trouble présente des symptômes s'apparentant à des crises de panique. Ce trouble peut limiter la mobilité des personnes et les contraindre à rester constamment chez elles.

Troubles d'anxiété et facteurs de risque

Certaines personnes sont plus susceptibles de développer des troubles anxieux en raison d'une combinaison complexe de facteurs génétiques, environnementaux et sociaux. Le diagnostic est basé sur la durée des symptômes, et le trouble est généralement diagnostiqué lorsque ces derniers persistent pendant au moins six mois.

Pour comprendre votre anxiété, vous devez d'abord en identifier les origines et les déclencheurs : considérez-la comme une maladie ou un virus. Lorsque les scientifiques cherchent un remède à une maladie, ils commencent par identifier l'hôte ou le porteur initial, et une fois la source de l'infection localisée, ils peuvent comprendre ce qu'ils combattent et créer un vaccin. Il en va de même pour notre anxiété : nous devons d'abord établir la cause profonde de la raison pour laquelle nous ressentons cela. La plupart des gens diront simplement : « J'ai toujours eu de l'anxiété, il n'y a jamais eu un moment où je ne me suis pas senti anxieux », alors qu'en réalité, il y a eu un moment où vous étiez libre d'anxiété au moins une fois. Il y a toujours un déclencheur qui suscite les sentiments d'anxiété, comme le départ de votre partenaire, le décès d'un proche, la rencontre avec un clown, une araignée, etc. Vous n'y avez tout simplement pas réfléchi ou vous enterrez inconsciemment vos pensées, mais, d'une manière ou d'une autre, il y a eu un certain épisode qui a tout déclenché. Ce chapitre traitera de cette problématique.

Ce livre montrera les tâches pratiques et la théorie derrière votre anxiété, et ce chapitre sera plus pratique. Ce que vous devrez faire est ceci : prenez un stylo et une feuille de papier ou un bloc-notes sur l'ordinateur, puis essayez de réfléchir le plus loin possible, repensez au moment où tout a commencé, remontez dans votre mémoire, à une époque où les choses étaient exemptes d'anxiété et travaillez sur vos souvenirs jusqu'à ce que vous arriviez au point où vous retrouvez des souvenirs d'anxiété et de panique.

Une fois que vous avez identifié le moment où vous passez de souvenirs sans anxiété à des souvenirs anxieux, c'est à ce moment-là que vous devez réfléchir sérieusement. Pour certaines personnes, c'est très facile à faire, peut-être qu'elles ont un souvenir traumatisant ou un souvenir triste à cette époque, tandis que pour d'autres, cela peut être un souvenir vraiment insignifiant auquel elles n'ont jamais pensé auparavant. Cette partie peut prendre un peu de temps, mais essayez de penser à tout ce que vous pouvez pendant que vous passez à des souvenirs anxieux. Notez ceux qui vous viennent à l'esprit et une fois que vous avez écrit quelques souvenirs, parcourez-les lentement et voyez si quelque chose vous vient à l'esprit. Une fois que vous écrivez les choses, elles ont tendance à devenir plus claires et vous voyez des choses que vous ne verriez pas normalement. Le type d'anxiété que vous ressentez est généralement lié à une certaine situation que vous avez vécue. Je souffrais d'agoraphobie et d'anxiété sociale, et la liste ci-dessous est ce que j'ai écrit et qui m'est apparu lorsque je faisais cet exercice.

- Premier souvenir - Jouer et m'amuser avec mes amis quand j'étais petite.
- Un souvenir avant que l'anxiété ne frappe – Passer des nuits blanches à discuter et à m'amuser avec des amis à l'adolescence.
- Au moment où l'anxiété surgit – En vacances, je craignais de ne pas arriver aux toilettes à temps lorsque je voyageais en autocar.
- À ce moment-là, l'anxiété se manifeste – À l'école, entourée de beaucoup de monde et incapable d'aller aux toilettes.
- Souvenirs anxieux – Crises de panique avant l'école et sentiment d'inadéquation.

Comme le montre la liste, les souvenirs vécus peuvent être suffisants pour qu'une personne en particulier commence à ressentir de l'anxiété. Chacun est différent, et vos souvenirs peuvent être complètement différents de ceux de quelqu'un d'autre. Par exemple, vous avez peut-être eu une expérience effrayante avec un clown quand vous étiez petit, et cela a développé en vous une phobie des clowns, tandis que d'autres personnes aiment les clowns. Lorsque vous repensez à vos souvenirs, assurez-vous d'être honnête avec vous-même dans tout ce que vous écrivez, car c'est une étape clé pour combattre votre anxiété !

Lorsque vous identifiez une situation que vous reconnaissez comme un déclencheur possible de votre anxiété, vous avez trouvé votre cause profonde. Toute l'anxiété que vous ressentez actuellement est liée à une ou deux expériences passées. Pour ma part, c'était l'incident des toilettes, et lorsque l'école a pris fin, l'anxiété s'est installée. C'est une combinaison de situations qui a déclenché mon anxiété. Pour vous, cela peut être une seule situation ou une combinaison de plusieurs. Vous ne devriez jamais oublier un souvenir tant que vous n'êtes pas sûr d'avoir trouvé son déclencheur.

Les choses risquent de devenir difficiles à affronter, mais imaginez votre vie sans douleur, sans peur et sans anxiété.

Une fois que vous avez découvert la cause profonde, il est temps de réfléchir à ce que vous avez ressenti à cette époque ; pensez à ce que vous ressentiez alors et à ce que vous ressentez aujourd'hui. Analysez chaque détail dont vous vous souvenez et écrivez-le. Écrire vos émotions est un outil fantastique pour mieux vous comprendre et comprendre votre manière de penser.

Gérez vos déclencheurs

Maintenant que vous avez identifié la cause profonde possible de votre anxiété, il est temps de vous attaquer aux déclencheurs. Un déclencheur, en résumé, est une situation, un objet ou un moment particulier où une crise de panique se déclenche, un peu comme jeter une bombe de bain dans l'eau. Dès qu'elle entre en contact avec l'eau, elle commence à bouillonner et échappe à tout contrôle. C'est le même principe avec l'anxiété : selon le type d'anxiété que vous ressentez, votre déclencheur peut être totalement différent de celui de quelqu'un d'autre.

Prenez à nouveau un stylo et du papier, et cette fois, notez toutes les occasions où vous avez ressenti de l'anxiété ou vécu une crise de panique. Cela constituera votre liste de déclencheurs. À chaque nouvelle crise de panique, notez-la dans cette liste, et à la fin, vous aurez une bonne idée des situations qui ont déclenché votre anxiété.

Ensuite, examinez votre liste de déclencheurs et votre liste de souvenirs et cherchez des similitudes ou des différences. Si un déclencheur correspond ou est similaire à un souvenir particulier, entourez ce souvenir. Une fois que vous l'avez identifié, il s'agit probablement de la cause première de votre anxiété.

Maintenant que vous avez identifié la cause profonde, vous pouvez y faire face clairement et ne plus vous sentir frustré. Vous n'aurez plus de raison de vous inquiéter. Le fait de connaître vos déclencheurs vous permet aussi d'éviter ces situations à l'avenir.

Cependant, lorsque votre anxiété devient irrationnelle ou commence à interférer avec votre vie quotidienne, vous pouvez souffrir d'un trouble anxieux qui doit être traité. La meilleure façon de l'identifier est de savoir si l'anxiété est devenue problématique en vous posant quelques questions.

- Cette anxiété nuit-elle à mes relations ? Si l'anxiété cause des problèmes dans vos relations, les fait souffrir, ou vous empêche d'entretenir une relation en raison d'un manque de confiance en vous, cela peut être problématique.
- Mon anxiété rend-elle mes tâches plus difficiles ou a-t-elle un impact direct sur mon travail ou mes résultats scolaires? Lorsque l'anxiété commence à avoir un impact sur la vie d'une personne, provoquant des difficultés ou réduisant son efficacité dans certaines situations, cela peut devenir problématique.
- Mes pensées anxieuses m'empêchent-elles de faire ce que j'ai à faire ? Si vous sentez que votre anxiété commence à affecter directement votre capacité à accomplir une tâche, simplement parce que vous passez trop de temps à vous inquiéter, vous pourriez avoir un problème d'anxiété.
- Est-ce que j'évite les choses que j'aimais parce que je suis anxieux ? Lorsque votre anxiété commence à vous empêcher de vous engager dans des loisirs que vous appréciiez beaucoup ou vous empêche d'explorer de nouvelles activités, vous pourriez souffrir d'anxiété problématique.
- Est-ce que je me sens constamment agité et nerveux, même s'il n'y a aucune raison apparente à cela ? Lorsque vous ressentez fréquemment de l'inquiétude pour une conséquence négative, sans preuve objective ni justification concrète, vous pourriez souffrir d'anxiété problématique.
- Est-ce que je rends souvent les choses pires qu'elles ne sont réellement, même si ma perception me semble juste sur le moment ? Lorsque vous exagérez la gravité des situations, vous pourriez avoir un problème d'anxiété.

Si l'une de ces questions vous a fait répondre oui ou si vous ne les avez pas prises au sérieux, il se peut que vous soyez anxieux, même si vous ne l'aviez jamais réalisé auparavant. Ce que vous pouvez faire dans cette situation, c'est demander à un proche qui vous connaît bien de répondre à ces mêmes questions sur vous-même pour avoir une vision plus précise et comprendre si vous êtes effectivement anxieux. Même si vous ne percevez pas les symptômes, il est tout à fait possible que d'autres personnes les voient.

CHAPITRE 4 : LES CHOSES DANS VOTRE VIE QUI VOUS RETIENNENT

Les troubles anxieux créent du stress tant sur le plan physique que mental, ce qui peut entraîner de nombreux problèmes, tels que des douleurs musculaires, des maux d'estomac, des maux de tête, des tremblements, des pensées intrusives, ainsi que de la dépression et de l'anxiété.

Lorsque vous vous lancez dans le processus de guérison, vous devez apporter des changements importants dans votre vie, car ces derniers réduiront le stress et vous aideront à vous concentrer davantage. Une fois cette étape franchie, vous vous sentirez plus détendu et pourrez mieux dormir la nuit, votre système nerveux se calmera et vous commencerez à vous sentir moins anxieux.

Cette phase marque le début du processus de récupération et vous prépare à tout ce qui va suivre. Je vous recommande de suivre les instructions le plus attentivement possible.

Prendre une douche chaude le soir

Avant de vous coucher, assurez-vous de prendre une douche chaude. Les douches chaudes soulagent les tensions et les raideurs musculaires. Laissez l'eau chaude frapper vos épaules, votre cou et votre dos ; plus le débit d'eau est puissant, mieux c'est, mais l'élément le plus important est la chaleur. Des recherches ont montré que prendre une douche chaude augmente les niveaux d'ocytocine, ce qui soulage l'anxiété, car elle est sécrétée lorsque nous sommes amoureux et est une hormone du bonheur.

Sortir d'une douche chaude dans une chambre plus fraîche provoque une baisse de la température corporelle et, par conséquent, une sensation de tranquillité et de somnolence, ralentissant les activités métaboliques essentielles.

Aller au lit fatigué

Lorsque vous vous couchez, assurez-vous d'être suffisamment fatigué pour vous endormir, sinon vous resterez éveillé à trop penser ou à vous inquiéter, ce qui est contre-productif. Si cela se produit, levez-vous et faites autre chose, comme plier le linge, regarder la télévision ou lire un livre. Un verre de lait chaud ou un yaourt peuvent aussi favoriser l'endormissement.

Ajouter des aliments qui réduisent le stress à votre alimentation

Ajoutez des noix, de la dinde, des crevettes, du fromage, des cerises ou du jus de cerise à votre alimentation, car ces aliments contiennent du tryptophane, un précurseur de la mélatonine, l'hormone du sommeil. La camomille est un excellent tranquillisant que l'on peut boire deux à trois fois par jour, avant même de se doucher avant de se coucher. L'huile de poisson ou les capsules d'oméga-3 sont également très bénéfiques pour la santé, mais vous pouvez aussi utiliser de l'huile de coco pour cuisiner ou comme substitut à la margarine ou au beurre. Tous ces aliments vous aideront à soulager le stress.

Choses à éviter

Essayez de faire un effort pour éviter les facteurs de stress suivants:

- Caféine
- Alcool
- Drogues
- Confort excessif
- Suralimentation

Prenez une douche le matin

Au réveil, commencez votre journée par une douche chaude pendant environ deux minutes. Ensuite, réduisez brusquement la température, non pas jusqu'à zéro, mais jusqu'à environ 20°. Restez sous l'eau pendant deux ou trois minutes (cela peut prendre un certain temps pour s'y habituer). Des recherches ont montré qu'il s'agit d'un bon traitement contre la dépression, car le changement soudain de température réveille le corps, soulage la fatigue et augmente la vigilance mentale.

Pratiquer une activité physique

Si vous le pouvez, faites de l'exercice même si votre emploi du temps est chargé. Certaines personnes ont des enfants, et la plupart d'entre elles ont un emploi, vont à l'école, ou les deux. Essayez d'être plus actif : marchez rapidement, faites du vélo, nagez ou rejoignez la salle de sport. Tout cela peut vous être d'une grande aide, car l'exercice régulier est bénéfique pour le cerveau et offre de nombreux autres avantages pour la santé.

Respiration et visualisation

Juste avant de vous coucher, allongez-vous sur le lit, le canapé ou la chaise, assurez-vous que votre dos est droit, fermez les yeux et détendez-vous.

Lorsque vous vous sentez à l'aise, respirez profondément, lentement, par le nez, pendant cinq secondes. Tenez votre souffle pendant deux secondes. Expirez par la bouche pendant quatre secondes, en expirant complètement et en vous assurant que votre respiration est contrôlée.

Une fois que vous aurez maîtrisé cette technique, vous pourrez pratiquer des visualisations tout en faisant l'exercice de respiration. Imaginez des scénarios qui vous détendent, par exemple, pensez à être assis sur une plage : imaginez que les rayons du soleil réchauffent votre visage, sentez la brise de l'océan, entendez le bruit des mouettes et des vagues qui se brisent sur le rivage. Utilisez votre imagination pour créer une scène paisible.

Avez-vous besoin d'aide? Allez sur YouTube et recherchez

quelque chose comme "méditation relaxante". Il existe de nombreuses chansons de méditation gratuites en ligne.

Vous pouvez pratiquer l'exercice de respiration avec ou sans visualisation. Faites au moins dix répétitions.

Vous remarquerez peut-être des pensées intrusives ou d'autres distractions entrant dans votre esprit. Laissez-les tranquilles, ne leur donnez pas d'importance, ne les craignez pas, car elles ne veulent rien dire et sont totalement inoffensives.

Après avoir fait cet exercice, vous devriez vous sentir détendu. Restez où vous êtes et gardez les yeux fermés. Revenez à respirer normalement. Si vous êtes fatigué, vous pouvez aller vous coucher.

Vous pouvez également faire cet exercice au réveil et pendant la journée. Une fois que vous avez terminé l'exercice, continuez votre journée. Avec de la pratique, cet exercice vous aidera à vous sentir plus détendu et moins anxieux.

Il est important de mettre en œuvre cette étape dans votre routine quotidienne. Une fois que vous en aurez pris l'habitude, vous pourrez passer à l'étape suivante. Gardez à l'esprit que vous devrez continuer les exercices de cette phase tout au long du processus de récupération.

Si vous avez bien suivi l'étape précédente, vous devriez vous sentir un peu plus détendu, ce qui vous aidera à mieux accueillir les étapes suivantes du programme. Je vous conseille de commencer les exercices dès la première phase et, en plus d'eux, de mettre également en œuvre ceux de la suivante.

Cesser de chercher du réconfort et de parler de votre anxiété. Je ne peux pas exprimer à quel point il est important d'arrêter de chercher du réconfort auprès de vos amis et de vos médecins, et de parler de votre état aux autres.

Vous ne devriez absolument pas faire de recherche sur les troubles anxieux, car la recherche est préjudiciable au rétablissement et peut même aggraver le problème. J'ai cherché à me rassurer pendant plus d'un an, sans jamais réussir à progresser. J'allais d'un médecin à l'autre et j'appelais des amis, et même lorsque je les rencontrais dans la rue, je ne pouvais pas me contrôler. J'ai demandé à être rassuré sur mes pensées et mes sentiments, et si ils pensaient que je m'en remettrais un jour. Ce comportement n'a fait qu'alimenter mon anxiété et a même empiré les choses.

Vous avez parlé du problème à votre médecin et il vous a dit que vous souffriez d'anxiété ; il n'est pas nécessaire de lui demander à nouveau, cessez de faire cela.

L'anxiété seule ne peut pas vous faire de mal. Vos pensées effrayantes ne sont que des signaux erronés provenant de votre esprit, car vous souffrez d'anxiété sous-jacente.

J'ai rencontré un bon psychologue qui m'a expliqué que les assurances et les discussions sur l'anxiété la maintiennent en vie. J'ai dû résister à l'envie de faire ces choses, aussi fortes soient-elles, et j'ai pris une décision.

Je voulais récupérer, car j'en avais marre d'être anxieuse. Je n'avais pas d'autre choix que d'arrêter de chercher du réconfort. Je suis entré en sevrage, pour ainsi dire, mais même si c'était difficile au début, j'ai repris confiance lorsque j'ai remarqué que l'anxiété s'estompait.

Parler d'anxiété peut apporter un peu de réconfort, mais cela vous rappelle également que vous en souffrez. Ce que nous voulons faire ici, c'est amener votre subconscient à dissocier l'anxiété en créant de nouveaux réseaux neuronaux.

Cette phase « arrêtez d'en parler » a contribué massivement à mon rétablissement et le sera pour vous aussi, il vous suffira de mettre en œuvre cette phase avant d'avancer.

Le réconfort peut être utile, mais seulement jusqu'à un certain point. Lorsque les gens développent de l'anxiété pour la première fois, ils ont peur et posent naturellement des questions à leurs amis et à leurs médecins. Les questions classiques que se posent les personnes souffrant d'anxiété sont de savoir si elle est dangereuse, si elle peut être guérie ou si elle mène à la folie. Mais une fois posées, vous devez accepter les réponses et ne plus les poser.

Avoir de l'anxiété n'est pas un signe de faiblesse ou un signe de folie, et ce n'est certainement pas dangereux. Cela signifie que beaucoup de pensées et d'inquiétudes vous viennent à l'esprit. Vous devez reconnaître qu'il s'agit de mauvaises pensées, dues à un dysfonctionnement des circuits neuronaux, et que ces changements sont provoqués par l'anxiété. Vous résoudrez ces problèmes en suivant ce système. En reconnaissant ces pensées comme des signaux erronés, vous les découragerez, ce qui enclenchera ainsi le processus de guérison.

En suivant chaque étape de ce programme, vous récupérerez, forcerez votre cerveau à se recâbler et à se normaliser, et remplacerez les réseaux anxieux par des réseaux non anxieux. Le procédé repose sur un principe appelé la « neuroplasticité », qui est scientifiquement prouvé.

De ce que vous avez fait jusqu'à présent, vous avez renforcé vos ressources et acquis plus de courage face aux situations que vous auriez normalement évitées ou qui vous angoissaient. Puisque vous avez éliminé certains éléments superflus de vos préoccupations, il est plus facile de vous concentrer sur les autres problèmes auxquels vous devez encore faire face. Cette semaine, concentrez-vous chaque jour sur ces problèmes.

- Lisez votre liste 2 à 3 fois par jour.
- Enregistrez vos niveaux d'anxiété et vos progrès.
- Notez vos préoccupations irréalistes.
- Exprimez ce pour quoi vous êtes reconnaissant.

Ce fut un long processus qui vous a permis d'apprendre beaucoup d'informations et des techniques adaptées à une variété de situations. Ici, vous découvrirez quelques autres techniques qui ne sont pas aussi spécifiques que celles que vous avez lues jusqu'à présent. Vous apprendrez ensuite des stratégies applicables à un éventail plus large, visant à développer les changements que vous souhaitez voir. Vous découvrirez aussi comment améliorer la qualité globale de votre vie. Ces stratégies sont un supplément dans ce livre, vous offrant davantage de contenu, dans l'espoir que vous puissiez trouver quelque chose qui fonctionne vraiment pour vous.

Stratégies pour soulager l'anxiété

Lorsque vous souffrez d'anxiété, il peut devenir facile d'être tellement absorbé par des pensées et des sentiments négatifs que vous avez l'impression qu'il n'y a aucun espoir de survie ou de libération de la négativité. Vous êtes tellement coincé dans cet état d'esprit négatif où vous craignez d'y rester pour toujours, cependant, cela ne pourrait être plus éloigné de la vérité. En fait, vous pouvez soulager votre anxiété. Cette section vous donnera quatre autres façons de soulager l'anxiété dans votre vie, et j'espère que certaines de ces stratégies vous seront utiles d'une manière ou d'une autre.

Pensée réaliste

C'est une méthode supplémentaire pour contrôler vos émotions et penser raisonnablement. Lorsque vous vous engagez dans une réflexion réaliste, vous identifiez quelles pensées sont réalistes et si vous en trouvez qui ne le sont pas, cela les rend en quelque sorte raisonnables. Lorsque vous faites cela, vous vous assurez essentiellement que vous pouvez corriger les pensées en mouvement.

La première étape de ce processus est de savoir à quoi vous pensez en premier lieu, car c'est là qu'interviennent vos outils de pleine conscience : lorsque vous utilisez ces compétences, vous pouvez identifier où va votre esprit et cela peut vous aider à repérer toutes sortes d'affaires inachevées et de pensées irréalistes. Identifiez lesquelles de ces pensées vous font vous sentir mal d'une manière ou d'une autre et ciblez-les. Par exemple, si vous vous sentez dévasté qu'un rendez-vous se soit mal passé, vous avez une pensée irréaliste, mais faites attention à ce que cela vous fait ressentir et identifiez ce qui se cache derrière. Pourquoi vous souciez-vous de savoir pourquoi le rendez-vous ne s'est pas bien passé ? Oui, cela revient à identifier automatiquement les pensées négatives, mais en réalité, c'est exactement ce que vous devez faire ici, c'est-à-dire identifier cette pensée négative pour pouvoir la corriger simplement avec une courte phrase.

Votre réaction lorsque vous êtes bouleversé par la soirée pourrait être de ne pas vouloir que votre partenaire se sente mal-aimé ou qu'il vous quitte, et vous voulez vraiment être sûr que c'est le bon partenaire pour vous. Lorsque vous vous arrêtez pour réfléchir à cette pensée, vous réalisez qu'il s'agit en réalité d'une réaction excessive pour un seul rendez-vous. Vous vous dites que si une relation est minée pour un seul rendez-vous, alors ce n'est pas une relation qui vaut la peine d'être entretenue. En corrigeant cette pensée et en la rendant plus positive, vous résolvez essentiellement le problème dans votre esprit et vous parvenez à vous calmer un peu, car à ce moment-là vous voyez la vérité.

Faire appel à un thérapeute

Parfois, la meilleure chose que vous puissiez faire contre une anxiété persistante est de consulter un thérapeute, mais c'est beaucoup plus facile à dire qu'à faire : même si vous sentez que vous n'en avez pas besoin, cela vaut peut-être la peine d'y réfléchir. Les thérapeutes ne sont pas mauvais ni un gaspillage d'argent, mais ils sont très utiles, car ils peuvent vous aider à gérer toutes sortes de pensées négatives et garantir que vous êtes capable de mieux vous gérer, quelle que soit la situation. Grâce à ces processus, vous obtiendrez un contenu personnalisé qu'un livre ne peut pas vous fournir, vous obtiendrez des commentaires en temps réel, qui vous aideront à comprendre ce que vous faites et si vous faites une erreur en accomplissant quelque chose.

Si vous pensez que la recherche active d'un thérapeute pourrait vous être utile, vous devriez prendre rendez-vous avec votre médecin de famille pour obtenir des conseils ou une référence. Parfois, le système de santé public peut ne pas couvrir certains traitements sans ordonnance, et votre médecin pourra également s'assurer qu'il n'y a aucune cause physique aux symptômes que vous présentez, notamment dus à des problèmes cardiaques.

Une fois que vous avez une prescription médicale ou une recommandation de traitement, vous pouvez commencer à réfléchir au type de traitement qui pourrait vous convenir le mieux. Souhaitez-vous un thérapeute cognitivo-comportemental ? Une psychothérapie traditionnelle ? Un autre type de thérapie ? Il existe différentes formes de thérapie contre l'anxiété et, en fin de compte, vous devrez choisir celle qui vous convient le mieux. Une fois votre décision prise, vous devrez vérifier les professionnels de santé dans votre région qui sont couverts par la Sécurité Sociale ou privés.

Lorsque vous rencontrerez enfin le thérapeute, gardez l'esprit ouvert et souvenez-vous qu'il vous faudra également vous ouvrir à lui. Vous devrez vous sentir en confiance et à l'aise avec votre interlocuteur. Cependant, il est difficile de juger juste après une seule séance dans de nombreux cas, alors essayez de rencontrer le thérapeute au moins deux fois avant de décider qu'il n'est pas la bonne personne pour vous. Trouver la bonne personne est essentiel si vous voulez être sûr que votre parcours thérapeutique est réellement efficace.

Jeu de rôle pour le scénario le plus négatif

Une autre technique, que certains trouvent utile pour gérer l'anxiété, consiste à s'engager dans ce que l'on appelle un jeu de rôle pour le pire des scénarios. Dans ce cas, vous êtes mis au défi d'imaginer la pire fin possible à toute situation anxiogène. Par exemple, si le divorce vous inquiète, vous pouvez vous arrêter et réfléchir au pire scénario possible, en planifiant exactement ce qui se passerait. Peut-être craignez-vous que votre futur ex obtienne la garde exclusive des enfants et conserve la maison, vous laissant avec une pension alimentaire pour enfants que vous ne verrez jamais et qui se ligueront contre vous.

Arrêtez-vous et réfléchissez à cette situation, analysez-la. À quelle fréquence les parents perdent-ils tout contact avec leurs enfants, à moins qu'ils ne fassent quelque chose qui nuit à leurs enfants ? À quelle fréquence entendez-vous parler de personnes qui consomment de la drogue et perdent la garde de leurs enfants, ou qui abusent de leur rôle de parent ? Quelle est la probabilité que votre ex prenne les enfants et s'enfuie ? Pourquoi votre ex voudrait-il faire quelque chose d'aussi nuisible à vos enfants, qui bénéficieraient de la présence des deux parents, sauf en cas d'abus ou de négligence ?

Lorsque vous déconstruisez la situation, vous commencez à réaliser que les chances que votre pire scénario se produise sont extrêmement minces, ce qui vous donnera la tranquillité d'esprit dont vous avez besoin pour avancer sans plus d'anxiété à ce sujet.

Mettre fin à une situation

La dernière des méthodes que vous apprendrez pour gérer l'anxiété est de jouer une situation jusqu'au bout. Dans ce cas, vous devrez réfléchir à votre peur et vous permettre de réfléchir à ce qui se passera réellement dans cette situation particulière. Par exemple, vous craignez peut-être que demain, lorsque vous irez travailler, vous serez licencié parce que vous êtes malade depuis une semaine et que vous avez pris beaucoup de retard dans votre travail. Votre anxiété vous empêche de dormir et vous savez que vous avez besoin de dormir, mais vous ne pouvez pas.

Dans ce cas, ce que vous devriez faire est de vous arrêter, de réfléchir à cette peur, puis de réfléchir à la façon dont vous pensez que cela se passera. Si vous avez peur d'être renvoyé lorsque vous vous présentez au bureau, imaginez ce qui pourrait réellement se passer. Peut-être imaginez-vous arriver et voir votre patron venir vers vous. Plutôt que de penser qu'il viendra vous dire que vous avez besoin de parler en privé, pensez qu'il vous demandera si vous vous sentez mieux et vous dira que vous avez manqué à tout le monde et qu'il ne fera aucun commentaire sur votre maladie, parce qu'il est un bon patron et qu'il comprend que parfois les gens tombent malades.

Parce que vous pensez à une fin réaliste, vous êtes en mesure de la comparer au pire scénario que vous avez imaginé, même dans ce cas précis. Vous êtes capable de regarder les deux possibilités et de réaliser que tout ira bien. Vous savez, se faire virer est une possibilité, mais cela reste une possibilité. Vous pouvez toujours être licencié de n'importe quel emploi, pour n'importe quelle raison. Maintenant, vous pouvez vous détendre un peu et vous dire que tout ira bien, ce qui vous permet enfin de retrouver le sommeil et le repos nécessaires.

Stratégies pour améliorer la qualité de vie

Maintenant, je vais vous guider à travers plusieurs étapes pour améliorer la qualité de votre vie. Il s'agit d'autres stratégies qui ne sont pas spécifiquement destinées à traiter l'anxiété, mais qui peuvent vous être bénéfiques en vous aidant à trouver davantage de plaisir et de valeur dans votre vie. En suivant ce processus et en pratiquant ces quatre activités distinctes, imaginez comment vous pourriez les appliquer à votre quotidien pour en tirer le meilleur. Vous pourriez réaliser qu'il existe plusieurs façons de cultiver la positivité dans votre vie, ce qui pourrait, en prime, diminuer votre anxiété.

Comprendre le langage corporel

En apprenant à mieux interpréter le langage corporel des autres, vous accomplissez deux objectifs : comprendre leurs pensées et ajuster votre propre comportement en conséquence. Veillez également à développer les compétences nécessaires pour agir de manière à créer l'ambiance que vous désirez. N'oubliez pas qu'il faut parfois feindre jusqu'à ce que cela devienne naturel. Une fois que vous aurez appris à lire le langage corporel des autres, vous serez en mesure de mieux utiliser et d'ajuster votre propre langage corporel. De plus, vous commencerez à reconnaître ces signaux et, ce faisant, à mieux comprendre l'humeur des autres, ce qui est souvent difficile à percevoir.

Étudier l'intelligence émotionnelle

Le dernier conseil de ce livre est de développer votre intelligence émotionnelle. Ce faisant, vous serez mieux préparé à naviguer dans les situations sociales. Vous apprendrez à maîtriser vos comportements et à toujours réagir de manière appropriée dans toutes les situations. Vous commencerez également à renforcer votre confiance en vous et à acquérir les compétences nécessaires pour mieux gérer votre anxiété. En développant votre intelligence émotionnelle, vous démontrez votre volonté de vous améliorer, en reconnaissant que vous en êtes capable et que, même dans les situations les plus sombres, il y a toujours une issue lumineuse, aussi petite soit-elle, car elle peut vous mener vers une expérience d'apprentissage bénéfique.

CHAPITRE 5 : LES APPROCHES COGNITIVO-COMPORTEMENTALES

La motivation au changement.

Certaines personnes ont du mal à trouver la motivation pour changer à cause de leur anxiété, peut-être parce que les obstacles à surmonter semblent trop grands. Normalement, lorsqu'on planifie un changement, les gens passent par cinq étapes :

Pré-contemplation

Dans la phase de pré-contemplation, vous pensez pouvoir réduire votre anxiété, mais vous ne vous êtes pas encore engagé à apporter un changement.

Contemplation

Dans la phase de contemplation, vous envisagez de travailler à réduire votre anxiété à l'avenir, mais vous n'avez encore pris aucune mesure pour y parvenir.

Préparation

Dans la phase de préparation, vous planifiez activement la manière dont vous réduirez l'anxiété dans un avenir proche.

Action

Pendant la phase d'action, vous travaillez activement pour apporter un changement lié à votre anxiété.

Maintien

Dans la phase de maintien, vous vous engagez à ne pas retomber dans les anciens schémas de pensées et de comportements anxieux.

Si vous lisez ceci, c'est probablement que vous avez déjà franchi les deux premières étapes et planifiez activement de gérer votre anxiété. Si vous avez encore des difficultés à vous engager dans le changement, posez-vous les questions suivantes et écrivez vos réponses dans l'espace prévu :

Quels sont les avantages et les inconvénients du traitement de mon anxiété ?

À quoi ressemblera ma vie dans 20 ans si j'ai encore de l'anxiété ? À quoi ressemblera ma vie si je ne l'ai plus ?

Engagez-vous à vous sentir mieux

Même si j'ai essayé de rendre ce livre aussi simple que possible, c'est toujours à vous de faire l'effort d'améliorer les choses. Il y a de fortes chances que la vie vous donne du fil à retordre au cours des sept prochaines semaines, mais ne vous laissez pas décourager. Prenez le temps d'y faire face, de la même manière que vous prenez le temps de faire de l'exercice, de bien manger et de vous reposer suffisamment, car votre santé mentale mérite tout autant d'attention.

Prévoyez du temps chaque semaine pour lire un chapitre et faire les exercices, marquez un *Le temps passera de toute façon, autant faire des progrès.*

Les habitudes sont un élément vital de la journée de chacun. Nous en avons tous. Que cela vous plaise ou non, consciemment ou inconsciemment, les habitudes font partie de notre journée d'une manière qui les rend irremplaçables.

En tant que machine productive, l'esprit et le corps humains sont très efficaces, et cela est dû en partie au fait que nous avons des habitudes.

Imaginez combien il serait difficile de devoir penser à chaque tâche manuellement : il faudrait décrire les tâches les plus banales dans votre esprit, les choses de la vie qui vous font vous réveiller, vous lever, aller à la cuisine, etc.

Les habitudes sont utiles, mais si nous en construisons de mauvaises, elles nous entraîneront dans une spirale négative. Vous devrez sortir de votre zone de confort et changer des habitudes qui ont ruiné votre santé et ont eu un effet négatif sur votre état mental.

Identifiez vos pensées

Pensez à une situation récente dans laquelle vous avez ressenti une forte anxiété. Peut-être en avez-vous identifié une dans votre journal d'inquiétudes que vous pouvez utiliser ici comme exemple.

Quel événement avez-vous identifié ? Pensez-y aussi vivement que possible. Qui était là, où étiez-vous, à quelle heure de la journée ? Les événements peuvent être des situations, mais ils peuvent aussi être des pensées ou des souvenirs.

Réfléchissez ensuite aux conséquences de la situation en termes de sentiments et de comportements. Quels sentiments avez-vous ressentis et quelles actions avez-vous entreprises ? Écrivez vos réflexions dans l'espace ci-dessous.

Choisissez le sentiment ou l'émotion qui vous a semblé le plus fort en rapport avec l'événement et encerclez-le.

Maintenant, prenez un moment pour creuser et identifier les pensées, attitudes, perceptions ou attentes que vous aviez pendant cette situation. Si vous avez du mal à identifier vos pensées, réfléchissez aux types de pensées qui auraient pu conduire aux sentiments que vous avez ressentis. Prenez un moment et notez-les ci-dessous. Choisissez celle qui vous dérange le plus et entourez-la.

Habitudes saines

Adopter des habitudes positives est toujours difficile au début, mais c'est normal, alors ne vous en faites pas trop. Vous devez comprendre que vos habitudes actuelles ont pris du temps pour devenir une partie intégrante de votre routine, donc l'adoption de nouvelles habitudes prendra également du temps.

La clé pour instaurer une habitude, l'adapter ou même la modifier, est la cohérence, car avec elle, une habitude peut être formée ou transformée à volonté. La cohérence est le moteur sur lequel reposent les habitudes, et elle constitue le fondement sur lequel elles se construisent.

Avant d'examiner certaines des habitudes qui, je pense, vous aideront, il est important que vous vous engagiez FERME à ne pas abandonner, à être cohérent et à rester positif.

Une alimentation saine

La première habitude à adopter est de manger de manière équilibrée.

Par "bien manger", j'entends consommer des aliments qui nourrissent à la fois votre corps et votre esprit, des aliments qui vous poussent vers une vie saine et heureuse, loin des visites chez le médecin et des maladies.

Restez hydraté en ayant toujours une source d'eau avec vous et en vous assurant de boire régulièrement. L'hydratation fait une différence considérable pour la santé. Vous ne me croyez pas ? Essayez de vous hydrater correctement pendant 30 jours d'affilée et vous verrez à quel point vous vous sentirez bien. Vous ne voudrez certainement plus vous sentir déshydraté et léthargique.

Manger sainement peut être une habitude difficile à adopter, mais heureusement, nous vivons à une époque où Internet regorge de recettes saines et délicieuses qui se préparent en un rien de temps. Vous avez beaucoup de responsabilités qui demandent beaucoup d'énergie et vous laissent peu de temps. Cuisiner peut donc être un excellent moyen de vous détendre, et préparer des portions pour deux repas réduit le temps global de préparation comparé à la décongélation et à la cuisson d'aliments en conserve ou précuits.

Sourire

La sérotonine. Si vous souhaitez en avoir davantage dans votre vie, croyez-moi, et non, vous n'avez pas besoin de dépenser votre argent durement gagné pour l'obtenir. Vous n'avez pas besoin de consulter un pharmacien ou un herboriste pour savoir comment en profiter.

Au contraire, souriez.

Sourire vous permet de libérer naturellement de la sérotonine, car cela peut modifier votre humeur. Vous n'avez pas besoin d'attendre d'être heureux pour sourire. En souriant, vous libérez de la sérotonine et vous vous sentirez heureux. Parfois, vous aurez peut-être besoin d'une raison pour sourire, alors pensez à un film drôle que vous aimez, à quelque chose de ridicule que vous avez vu ou, mieux encore, à une situation amusante dans laquelle vous vous êtes retrouvé.

En faisant cela, vous laisserez entrer une pensée joyeuse dans votre esprit, et vous vous rendrez compte que vous sourirez réellement.

Lorsque vous souriez, ce n'est pas seulement vous qui en bénéficiez, mais également tout le monde autour de vous. Votre sourire peut détendre ceux qui vous entourent. De plus, ils ressentiront votre énergie et, comme les humains sont une espèce imitative, ils commenceront peut-être à sourire à leur tour. Croyez-moi, sourire n'est pas seulement gratuit, c'est la solution idéale pour se sentir bien, alors souriez BEAUCOUP !

Dormir

Le sommeil est un mystère. Nous savons qu'il est vital de dormir suffisamment, mais les scientifiques ne sont pas encore parvenus à identifier précisément les raisons pour lesquelles cela est si essentiel.

La loi oblige déjà les conducteurs de poids lourds à faire des pauses pour se reposer, et vu les risques associés, il n'est pas surprenant que les policiers vérifient également la somnolence des conducteurs réguliers.

Peut-être vous sentez-vous stressé parce que vous n'arrivez pas à dormir pendant huit heures d'affilée, mais la bonne nouvelle est que cette règle ne s'applique pas nécessairement à tout le monde.

Le nombre d'heures de sommeil dont vous avez besoin dépend de nombreux facteurs, et vous ne devez pas vous sentir obligé de dormir exactement huit heures. En réalité, la plupart des gens peuvent se contenter de six heures de sommeil, mais il est important de trouver ce qui vous convient le mieux. Vous pouvez également ajuster certaines habitudes ou comportements pour vous endormir plus rapidement et améliorer la qualité de votre sommeil.

Voici quelques ajustements simples à votre routine quotidienne qui vous aideront à obtenir le repos dont vous avez besoin:

- Ne utilisez pas d'appareils électroniques au moins une heure avant de vous coucher. Il est essentiel de préparer votre corps au sommeil.
- Évitez de regarder la télévision au moins une heure avant de vous coucher, y compris sur les liseuses électroniques. Profitez de ce temps pour vous détendre et préparer votre corps au sommeil, par exemple en lisant un livre tout en savourant une tasse de tisane et en appliquant ce programme.
- Ne mangez pas au moins deux heures avant de vous coucher. Planifiez votre journée de manière à ce que

votre dernier repas ne soit pas trop tard. Le soir, c'est le moment de vous préparer à dormir, donc évitez la caféine.

- Évitez le café ou le thé noir au dîner, et optez plutôt pour de l'eau ou du thé aux fruits. Évitez également les jus de fruits, qui contiennent beaucoup de sucre. Les boissons contenant de la caféine rendent l'endormissement plus difficile et, une fois endormi, la caféine peut provoquer des cauchemars.
- Éliminez les sources lumineuses dans la chambre. Rendez-la aussi sombre que possible pendant la nuit. En raison de la grande quantité d'appareils électroniques dans une maison moderne, la chambre peut ressembler à un tableau de bord de vaisseau spatial. Couvrez toutes les lumières clignotantes.
- Allez vous coucher à des heures régulières. Votre corps s'habituera à ce rythme, et l'endormissement deviendra automatique. Bien que vous soyez tenté de veiller tard le week-end pour rattraper une émission manquée pendant la semaine, il est essentiel de vous coucher et de vous réveiller à des heures régulières, même le week-end.
- Faites de l'exercice. L'augmentation de l'activité physique améliore l'humeur, la santé et réduit le risque d'insomnie.
- Prenez cinq minutes avant de vous coucher pour rédiger votre plan pour le lendemain. Des études récentes ont montré que rédiger une liste de tâches permet de "libérer" l'esprit des préoccupations liées aux activités à venir, réduisant ainsi l'anxiété et vous permettant de vous endormir plus rapidement.

En outre, l'alcool a un effet négatif important sur vos organes et votre système nerveux. Tout soulagement temporaire que vous pourriez ressentir en consommant de l'alcool est de courte durée, car il est rapidement remplacé par une montée d'anxiété. Consommer de l'alcool dans l'espoir de passer une bonne nuit de sommeil revient à fumer quelques cigarettes pour améliorer ses performances lors d'un marathon. L'alcool bloque le sommeil paradoxal et perturbe la production normale de substances chimiques dans le corps. Vous vous réveillez sans avoir obtenu le repos nécessaire. Vous pourriez penser que vous avez besoin de plus de sommeil, mais la véritable solution réside dans l'élimination de l'alcool, et avec la même durée de sommeil, voire moins, vous obtiendrez le repos dont vous rêvez depuis longtemps.

Imaginez-vous vous réveillant plein d'énergie et bien reposé.

Cela suffit comme raison pour arrêter de boire. L'utilisation de somnifères est également un sujet sensible, car la liste des effets secondaires possibles est très longue. Des études à long terme montrent que l'usage de somnifères peut augmenter le risque de crise cardiaque de 50 %. Vous risquez votre santé pour obtenir des bénéfices très limités. Si vous utilisez des somnifères, soyez conscient des risques qui y sont associés et privilégiez plutôt les stratégies dont nous avons parlé. J'espère que vous pourrez bientôt dormir sans avoir recours à des médicaments.

Activité physique

La progression des troubles anxieux est souvent liée à une réduction de l'activité physique. Créer une routine quotidienne peut être incroyablement tentant. Vous vous réveillez, allez au travail, rentrez à la maison, regardez la télévision ou jouez à des jeux, puis vous vous couchez. Vous vous sentez épuisé, et cela semble rendre l'idée d'être actif encore plus difficile.

Le manque de temps ressenti constitue un obstacle majeur. Pour beaucoup d'entre nous, le seul choix semble être de faire de l'exercice ou de se reposer, mais ce dilemme peut se résoudre tout seul une fois que vous surmontez la résistance initiale.

Toutes ces habitudes vous amèneront à suivre vos comportements, à ajuster ce que vous faites et à changer la façon dont vous passez vos journées, vos soirées et vos nuits.

Pour améliorer votre santé physique et mentale, l'exercice est un outil puissant. Toutes ces habitudes saines sont utiles, mais ce n'est que si vous en mettez en œuvre certaines que vous obtiendrez des résultats significatifs, car les habitudes saines amplifient les effets positifs les unes des autres.

Manger et dormir sainement augmente votre niveau d'énergie, ce qui vous donnera plus de vitalité pour faire de l'exercice.

Faire de l'exercice ne signifie pas passer une heure par jour à la salle de sport, cela implique d'augmenter votre activité physique au quotidien.

Vous ne pourrez peut-être pas consacrer du temps et de l'argent à la salle de sport, mais des changements dans votre routine quotidienne vous donneront des résultats incroyables. Une solution au manque de temps pour faire de l'exercice est de remplacer vos habitudes quotidiennes : au lieu de regarder la télévision, détendez-vous en allant marcher ou courir. Pendant votre pause déjeuner, vous pouvez sortir manger et utiliser le temps qu'il vous reste pour faire plusieurs fois le tour du pâté de maisons.

Ce simple changement dans votre routine aura des effets étonnants.

Vous retournerez au travail rafraîchi et plein d'énergie pour terminer vos tâches, au lieu de simplement flâner en ville pour le reste de la journée. Parfois, nous nous retrouvons à penser aux obstacles et à ne pas remarquer les solutions qui se trouvent juste devant nous.

Passer du temps dehors et faire un peu d'exercice, c'est comme appuyer sur le bouton de réinitialisation. Se reposer est aussi crucial que travailler. Faire de l'exercice et être à l'extérieur vous permet d'obtenir le repos nécessaire de votre travail et vous permet d'aborder vos tâches beaucoup plus efficacement, cela réduira le stress et le surmenage, puisque vos tâches seront terminées à temps et vous n'aurez pas à corriger les erreurs. Travailler en étant fatigué peut être pire que de ne rien faire, car vous êtes beaucoup plus enclin à commettre des erreurs, qui vous obligent à tout revoir et à tout corriger plus tard. De cette façon, l'exercice et le repos vous feront gagner du temps. Ne pas faire suffisamment d'exercice nuit à votre système immunitaire, réduisant ainsi votre capacité à combattre les infections.

Il suffit de marcher autant que possible, de prendre les escaliers et de saisir chaque occasion d'être physiquement actif. La meilleure chose à faire est de rejoindre une équipe sportive, quel qu'en soit le type. Être membre d'une équipe vous permettra de vous soutenir mutuellement, de passer beaucoup de temps avec de nouveaux amis et vous donnera plus de résistance, car vous vous engagerez dans une équipe et vous vous sentirez comme faisant partie d'un groupe. Être responsable envers les autres est souvent ce qui nous empêche d'abandonner : la capacité de rendre des comptes envers quelqu'un encourage le caractère et le renforce.

Comme je l'ai dit, les médias sociaux sont devenus la distraction la plus courante à laquelle les gens sont confrontés. Nous savons tous que la technologie joue un rôle majeur dans la vie des gens. Je pense que c'est aussi la principale cause de la procrastination. Puisque la technologie existe, vous n'avez pas à vous soucier de mettre fin à votre habitude de procrastination. Pourquoi ? Il existe de nombreuses façons de vaincre l'habitude de remettre les choses au lendemain. Oui, par exemple, grâce à la motivation, on peut vaincre la procrastination, mais les applications et outils semblent plus pratiques que la motivation. Ce n'est pas vrai ? Si vous recherchez les meilleures techniques anti-procrastination, sachez qu'il en existe de nombreuses.

Petites habitudes, grands résultats

Vous savez que les petites habitudes ont un impact considérable sur votre vie. Par exemple, si vous vous brossez les dents deux fois par jour, vous ne verrez pas de changements tout de suite, mais en vieillissant, vous aurez de belles dents. C'est vrai, lorsque vous pratiquez des habitudes simples, au début, il n'y aura pas d'impact énorme, mais cela viendra plus tard, voici donc quelques conseils que vous devriez suivre :

Être organisé

Vous pensez que les plans ne peuvent pas changer votre niveau de productivité ? Eh bien, essayez de créer un plan, peut-être pour le travail que vous avez pour la semaine prochaine ou pour le travail que vous devriez terminer d'ici demain, puis respectez le plan et voyez ce qui se passe. Cela peut sembler simple et vous pourriez même vous demander si un simple plan peut réellement faire une grande différence. Eh bien, oui, c'est possible ! Grâce à un planning, vous organisez les tâches à accomplir et vous comprenez clairement le processus. Par exemple, vous devez terminer un projet énorme, mais si vous laissez le projet rester aussi vaste, vous n'aurez pas envie de commencer, vous ne pourrez pas voir la quantité de travail que vous devrez faire dans une journée pour le terminer, et cela créera de l'ennui et du retard. Vous devrez donc organiser vos tâches. Heureusement, il existe de nombreux outils et applications pour vous aider à organiser votre travail (nous y reviendrons plus tard).

Simplifiez les choses

Une autre raison courante de procrastination est la réalisation de tâches complexes. Bien sûr, certaines tâches peuvent être complexes, mais elles peuvent souvent être simplifiées. Pour cela, vous devez vous fixer des objectifs simples et réalisables. Au lieu de dire « Je vais terminer le projet », vous devriez dire : « Aujourd'hui, je vais terminer la première partie du projet ». Si vous rendez cela simple, ce sera en réalité simple.

Créez un plan

Une fois que vous avez un objectif, il est important de le planifier, car le travail planifié a plus de chances d'être accompli. Divisez votre travail en parties et fixez une date limite. Si vous fixez votre propre date limite, vous pourrez l'atteindre avant qu'elle ne devienne un stress. Parfois, vous pouvez rencontrer des situations inattendues dans la vie, donc terminer votre travail avant la date limite vous aidera à rester dans votre zone de confort.

Évitez les distractions, vous connaissez peut-être déjà les choses qui vous distraient. Par exemple, si vous êtes accro à Facebook, ne gardez pas votre téléphone près de vous jusqu'à ce que vous ayez fini de travailler. Ou, si vous êtes accro à Instagram, restez hors ligne jusqu'à la fin. Dès que vous voyez la notification, vous voudrez peut-être vérifier vos messages, même si vous avez beaucoup de choses à faire. Il est donc préférable de mettre de côté toutes les distractions et de vous concentrer sur le travail que vous avez à accomplir.

La méthode Pomodoro

Si vous ne savez pas ce que cela signifie, cette approche consiste à travailler pendant 25 minutes et à faire une pause de 5 minutes. La plupart des gens considèrent cela comme une solution efficace pour éviter la procrastination, et à mon avis, c'est une technique fantastique. Vous pouvez accomplir beaucoup de choses en suivant cette approche. De plus, avec cette méthode, vous pourrez garantir la qualité de votre travail. Pendant la pause, évitez de vous laisser distraire, alors faites quelque chose comme écouter de la musique, marcher ou même crier pour évacuer le stress, mais quoi qu'il en soit, assurez-vous que cela vous permet de vous sentir détendu et à l'aise. L'activité que vous choisissez de faire devrait être quelque chose que vous aimez, mais cela ne doit pas détourner votre attention.

Récompensez-vous

Je ne pense pas que quiconque déteste les récompenses, je vous recommande donc vivement de vous récompenser lorsque vous suivez votre programme. Par exemple, si vous vous fixez comme objectif d'écrire 2 500 mots en 5 heures, vous devriez vous offrir une récompense une fois cet objectif atteint ! Vous pouvez vous récompenser avec une glace ou un épisode de votre émission préférée, mais assurez-vous de reprendre votre routine une fois que vous avez apprécié la récompense.

Le mythe de commencer par les tâches difficiles

Vous avez probablement déjà entendu dire qu'il est préférable de commencer par les tâches difficiles, puis de terminer les autres tâches. VRAIMENT ? Laissez-moi vous le demander à nouveau, VRAIMENT ? La règle selon laquelle on doit commencer par les tâches difficiles ne fonctionne pas pour moi. Si cela fonctionne pour vous, ignorez ce point, mais si vous y réfléchissez bien, vous comprendrez le concept de base. Lorsque vous accomplissez ce que vous pouvez, vous devenez plus motivé pour faire même les tâches difficiles. De plus, lorsque vous essayez de faire les choses difficiles et que cela devient plus compliqué qu'il n'y paraît, vous pourriez même retarder le travail. Il est donc généralement préférable de commencer par les tâches les plus simples.

Ce sont les petites habitudes et les petits changements qu'il faut intégrer pour devenir une personne productive, mais il existe de nombreux autres conseils anti-procrastination que je souhaite partager avec vous.

La technique pour commencer

Si vous voulez faire quelque chose, vous devez commencer à le faire. Les gens retardent généralement le démarrage d'un projet, il est donc important de ne pas sous-estimer les techniques de démarrage. Comment cela peut-il être fait ? Démarrer un projet ou une tâche ne sera pas facile. Chaque fois que vous envisagez d'accomplir une tâche, vous aurez besoin de quelque chose pour améliorer votre humeur. Commencer peut être difficile au début, mais à mesure que vous avancez dans la tâche, cela peut commencer à sembler possible. Comparez ensuite ce que vous ressentez lorsque vous commencez ce travail et ce que vous ressentez lorsque vous êtes en retard ou que vous le retardez.

Commencer le projet est important, donc il n'a pas d'importance même si vous faites une très petite partie de l'ensemble du projet. Il existe une méthode pour garder l'esprit concentré sur l'objectif et le travail. Lorsque vous gardez votre esprit occupé à réfléchir au travail à accomplir, vous pourriez finir par commencer à travailler, car c'est fatiguant de penser constamment, donc vous finissez par vous lancer.

Par exemple, disons que vous devez modifier un article. Si vous ne commencez pas, vous ne réussirez jamais à le finir. Alors prenez la version préliminaire et commencez à changer quelques mots. Finalement, vous pourrez modifier les sections principales et presque terminer l'article, le tout sans pression, ce qui est incroyable!

Vous pouvez également régler un minuteur. Que pouvez-vous faire avec un minuteur si vous ne parvenez pas à vous mettre au travail ? C'est simple : réglez-le sur dix minutes ou moins. Ensuite, une fois que le minuteur démarre, restez assis, même si vous ne commencez pas immédiatement. Continuez à rester assis. C'est une astuce simple, car dès que vous êtes dans votre espace de travail, il devient difficile de ne pas commencer à travailler.

Ces astuces pourraient vous aider à améliorer votre productivité. Le conseil le plus simple est de COMMENCER !

Outils et applications utiles

Maintenant que vous avez appris presque toutes les méthodes et astuces possibles, il est temps de vous familiariser avec les outils et applications disponibles. Vaincre la procrastination ne sera pas facile tant que vous ne solliciterez pas l'aide de la technologie que vous blâmez souvent pour votre réticence. Il existe de nombreux outils et applications formidables parmi lesquels choisir, mais nous allons nous concentrer sur quelques-uns qui vous accompagneront efficacement.

Procraster

C'est l'une des applications les plus populaires pour lutter contre la procrastination. L'application vous accompagnera tout au long de vos démarches en vous offrant des conseils et un suivi adapté à votre situation. Vous pourrez établir un rythme pour votre travail et consulter des statistiques de productivité, ce qui vous motivera à atteindre vos objectifs.

Freedom

Cette application vous aide à vous concentrer sur les tâches importantes en bloquant les distractions. Une fois que l'application aura fait cela pour vous, vous pourrez vous concentrer pleinement sur votre travail. Les gens procrastinent souvent lorsqu'ils passent lentement d'une tâche importante à une activité plus divertissante, comme parcourir les réseaux sociaux. Par exemple, disons que vous travaillez sur un projet, mais pendant ce temps, vous consultez les actualités sur Facebook. Croyez-vous vraiment que vous pouvez donner le meilleur de vous-même dans ce cas ? Je n'en suis pas convaincu. Lorsque votre attention est partagée entre des tâches sans importance, il est impossible de donner le meilleur de soi-même. L'application Freedom vous aidera en bloquant des sites comme Twitter, Facebook, etc., et pratiquement tous les sites qui consomment beaucoup de temps, vous n'aurez donc plus aucune excuse pour ne pas rester concentré.

Todoist

Voici l'une des applications les plus populaires que vous avez probablement déjà rencontrées. Les gens procrastinent souvent parce qu'ils n'ont pas de plan précis ou qu'ils ne savent pas quelle sera la prochaine tâche à accomplir. Si vous avez un plan structuré, vous pourrez suivre l'avancement de vos tâches et, grâce à Todoist, organiser un calendrier pour accomplir vos objectifs. Vous pouvez utiliser cette application pour synchroniser vos tâches sur votre téléphone et d'autres appareils.

Spotify

Cette application vous permet de vous divertir tout en travaillant. Chaque fois que vous trouvez votre travail ennuyeux, vous pouvez écouter de la bonne musique sur Spotify, ce qui peut vous aider à éviter la procrastination. De plus, si vous recherchez des playlists motivantes, vous aurez plus de chances de rester productif.

Tomato Timer

J'ai déjà parlé de la technique Pomodoro, et cette application y est liée. En général, nous procrastinons lorsque nous n'avons pas envie de réaliser une grande tâche, mais nous devons quand même respecter nos engagements. C'est pourquoi il est utile de diviser la tâche principale en sous-tâches plus petites. L'application Pomodoro Timer vous aidera à avancer en découpant vos projets : il suffit de régler le minuteur et vous pourrez commencer à travailler.

Bien qu'il existe de nombreux autres outils et applications que vous pouvez envisager, ceux-ci sont, à mon avis, les plus intéressants et les plus efficaces!

Choisissez l'outil ou l'application qui correspond le mieux à vos préférences et commencez à l'utiliser dès maintenant!

CHAPITRE 6 : EXERCICES ET ACTIVITÉS POUR TRAITER L'ANXIÉTÉ

Chauffage

1. Fermez les yeux et respirez profondément, en inspirant et en expirant lentement.
2. Visualisez quelque chose qui vous cause de l'anxiété ou de la panique.
3. Concentrez-vous sur une situation mineure afin de provoquer un léger inconfort, plutôt que des symptômes d'attaque de panique.
4. Imaginez cette situation qui vous rend anxieux et imaginez-vous là, face à elle, en ce moment.
5. Maintenant, dirigez votre attention sur vous-même. Que ressentez-vous dans votre corps ? Quelles pensées traversez-vous ? Quelles émotions percevez-vous ? Restez avec ces sensations.
6. Ouvrez les yeux et permettez-vous de retrouver un état de calme et de relaxation en prenant plusieurs respirations lentes et profondes.

N'oubliez pas que cette stratégie physique relaxante est disponible à tout moment.

Exposition interoceptive 1

Vous trouverez ci-dessous certaines des réponses physiques

courantes à une attaque de panique. Lorsque vous commencez cet exercice, choisissez-en une ou deux seulement. Commencez par une, puis, une fois terminée, passez à la suivante.

Difficulté à respirer

1. Respirez rapidement et superficiellement pendant trente secondes, en simulant un état d'hyperventilation.
2. Examinez votre corps, de la tête aux pieds. Sans jugement, observez toutes vos sensations physiques, grandes et petites.
3. Restez attentif aux sensations de votre corps : ne les jugez pas et ne tentez pas de les modifier. Soyez présent avec elles plutôt que de les éviter.
4. Après quelques minutes, respirez lentement et profondément pour vous préparer à l'exercice de respiration suivant.

Fréquence cardiaque accélérée

1. Courez sur place, montez et descendez des escaliers, et/ou faites des sauts avec écart pendant deux minutes ou jusqu'à ce que vous sentiez votre cœur battre plus fort.
2. Debout ou assis, selon votre préférence, concentrez-vous sur votre poitrine. Sans jugement, observez toutes vos sensations physiques, grandes et petites. Que ressentez-vous dans votre poitrine ? Comment les effets se propagent-ils du centre vers le reste de votre corps ?
3. Restez attentif aux sensations de votre corps, ne les jugez pas et ne tentez pas de les modifier. Soyez présent avec elles plutôt que de les éviter.
4. Après quelques minutes, respirez lentement et profondément.

Vertiges

1. Tournez sur une chaise de bureau ou placez-vous dans un espace relativement ouvert et commencez à tourner.

Faites cela pendant environ une minute ou jusqu'à ce que vous ressentiez un léger vertige, mais arrêtez-vous avant de tomber ou de vous sentir mal.
2. Debout ou assis, selon votre choix.
3. Restez attentif aux sensations de votre corps, ne les jugez pas et ne tentez pas de les modifier. Soyez présent avec elles plutôt que de les éviter.
4. Après quelques minutes, respirez lentement et profondément.

Problèmes de tête et de vision

1. Asseyez-vous et penchez-vous en avant pour que votre front repose sur vos genoux. Restez dans cette position pendant 30 à 60 secondes, puis relevez-vous rapidement.
2. Prenez immédiatement un livre, un journal ou un magazine et essayez de le lire.
3. Restez attentif aux sensations de votre corps, ne les jugez pas et ne tentez pas de les modifier. Soyez présent avec elles plutôt que de les éviter.
4. Après quelques minutes, respirez lentement et profondément.

Exposition interoceptive 2

Félicitations pour être revenu ici pour le deuxième jour d'entraînement ! Votre engagement personnel et votre volonté de continuer, même lorsque cela semble difficile, réduiront à terme votre anxiété et amélioreront votre qualité de vie.

La deuxième partie de cet exercice d'exposition ressemble à la première partie du premier. Choisissez maintenant les deux sensations corporelles que vous n'avez pas choisies hier. Une fois terminées, passez à l'exercice suivant.

Une prairie de montagne sereine (15 minutes)

1. Réglez la minuterie sur 15 minutes.
2. Fermez les yeux et prenez plusieurs respirations lentes et profondes. Inspirez par le nez. Retenez un instant. Expirez par la bouche.

3. Imaginez-vous au milieu d'une magnifique prairie de montagne. Les fleurs violettes, blanches, rouges et jaunes se balancent doucement sous l'effet de la brise. Le ciel est d'un bleu profond. Des nuages blancs et doux glissent lentement dans le ciel. Tournez-vous lentement et observez les alentours. Que voyez-vous d'autre ?
4. Continuez à respirer lentement et profondément. Sentez le doux parfum des fleurs et laissez-le remplir vos sens.
5. Ressentez la chaleur du soleil sur votre peau. Tournez votre visage vers le soleil chaud et laissez un sourire s'afficher sur votre visage pendant que vous appréciez la température. Vous sentirez une brise chaude caresser votre peau.
6. Commencez à remarquer des sons doux, le gargouillis d'un ruisseau à proximité. Les abeilles bourdonnent au loin. Écoutez leur bourdonnement rythmique. Vous savez qu'il n'y a pas de quoi s'inquiéter, les abeilles de cette prairie sont inoffensives. Vous êtes libre de vos mouvements, sans souci.
7. Vous repérez un rocher à proximité. Tandis que vous vous dirigez vers lui, les fleurs effleurent vos pieds nus et vous chatouillent. Un oiseau vole au-dessus de vous. Vous atteignez le rocher et remarquez qu'il y a une fissure parfaite au sommet, juste assez grande pour vous. Montez et ajustez votre position pour vous sentir à l'aise. Vous vous installez confortablement et le rocher vous berce doucement. Cela ne semble pas difficile du tout. Placez la plante de vos pieds et vos paumes à plat sur la surface du rocher et profitez de la chaleur. Inclinez à nouveau votre visage vers le soleil et souriez.
8. Vous êtes assis ainsi, profitant des images, des sons, des odeurs et des sensations physiques de cette paisible prairie de montagne. Respirez profondément et lentement en savourant ce lieu de paix. Vos muscles se détendent et tout votre corps semble se fondre dans votre nouvel espace confortable.
9. Lorsque la minuterie sonne, ouvrez les yeux et regardez autour de vous. Observez votre

environnement. Sentez la chaise, le lit, le canapé ou le sol sous vous.
10. Orientez-vous vers votre espace actuel et prenez plusieurs respirations lentes et profondes avant de vous lever.

Un endroit à vous (15 minutes)

L'exercice de relaxation d'aujourd'hui est très similaire à la visualisation d'une prairie de montagne d'hier. La seule différence est le cadre.

1. Réglez la minuterie sur 15 minutes.
2. Fermez les yeux et prenez plusieurs respirations lentes et profondes. Inspirez par le nez. Faites une pause. Expirez par la bouche.
3. Imaginez que vous êtes chez vous. Reconnaissez les couleurs de vos murs, sols, tables et autres surfaces. Laissez votre regard se poser sur certains de vos objets préférés. Vous souriez et appréciez les sentiments positifs que cela évoque en vous. Maintenant, commencez à marcher très lentement. Que voyez-vous d'autre ?
4. Continuez à respirer lentement et profondément. Remarquez les odeurs uniques de votre maison. Vous aimez l'odeur de votre chez-vous. C'est agréable et cela vous rend heureux. Que sentez-vous ? Des bougies ? Du linge propre ?
5. Vous voyez votre couverture préférée drapée sur une chaise. Prenez-la. Frottez-la avec vos mains pour ressentir sa douceur et sa texture. Enroulez-la autour de vos épaules. C'est comme un doux câlin et vous vous sentez en sécurité.
6. Vous avez une pièce spéciale dans votre maison, une pièce que vous avez décorée juste pour vous. Où est-elle ? Maintenant, avancez lentement vers cette pièce. Sentez le sol sous vos pieds nus. Écoutez vos pas sur le sol. Tendez la main et passez votre main le long d'un mur. Quelle est la sensation de la texture au bout de vos doigts ? Comment cela sonne-t-il ?

7. Rendez-vous dans votre salle de relaxation et entrez. Prenez plusieurs respirations lentes et profondes. Regardez autour de vous. Quelles couleurs animent cette pièce ? Quels objets avez-vous mis ici ? Touchez-les, ramassez-les s'ils ne sont pas trop gros ou lourds. Si vous avez des bougies dans cette pièce, allumez-les si vous le souhaitez. Laissez votre regard se poser là où vous pourriez vous asseoir. Est-ce un canapé ? Une chaise ? Un coussin ? Allez-y maintenant et installez-vous. Bougez votre corps jusqu'à ce que vous trouviez une position confortable. Cet endroit est le vôtre, conçu spécialement pour vous, afin que votre corps s'y intègre parfaitement. Retirez la couverture de vos épaules et placez-la sur votre torse et vos jambes. Profitez de ce confort et de cette chaleur. L'ensemble du corps est doux et détendu.
8. Lorsque la minuterie sonne, ouvrez les yeux et regardez autour de vous. Observez votre environnement. Sentez la chaise, le lit, le canapé ou le sol sous vous. Orientez-vous vers votre espace actuel et prenez plusieurs respirations lentes et profondes avant de vous lever.

Trouver de l'aide

Au cours de ces exercices, vous avez considérablement augmenté les opportunités de changement positif dans votre vie, acquis les connaissances et les compétences nécessaires pour réduire activement votre anxiété et commencé à vivre l'instant présent. Cependant, ces leçons apportent également de nouveaux défis et frustrations. Lorsque vous avez développé une routine de pleine conscience stable, il n'est pas rare que des moments d'anxiété surviennent de temps en temps. Ces problèmes sont temporaires, mais ils ne se manifestent pas toujours comme tels lorsqu'ils surviennent. Il est important de rester conscient qu'ils passeront et de disposer d'un réseau de soutien sur lequel vous pouvez compter et en qui vous avez confiance lorsque l'anxiété survient.

Le soutien peut prendre de nombreuses formes : amitiés, thérapeutes, associations et groupes de soutien. Trouvez de l'aide en ligne et dans le monde réel où vous vivez. Tous les systèmes de soutien ne conviennent pas à tout le monde. Certaines personnes peuvent bénéficier de séances régulières avec un thérapeute, tandis que d'autres réussissent mieux en groupe.

CHAPITRE 7 : SUIVRE LA PROGRESSION DE VOTRE OBJECTIF

Vous l'avez fait ! Regardez combien vous avez accompli. Fermez les yeux, prenez quelques respirations lentes et profondes, et souriez. Qu'est-ce que ça fait d'avoir terminé ce livre ? Comment vous sentez-vous par rapport à votre anxiété ces derniers jours ? Je suppose que vous ressentez encore un certain degré d'anxiété. Savez-vous pourquoi ? Vous êtes humain. L'anxiété ne peut jamais disparaître complètement en raison de la nature de notre cerveau, car notre réaction de lutte ou de fuite fait naturellement partie de qui nous sommes. C'est un aspect de notre nature que nous ne pouvons pas changer.

L'anxiété fait partie de la vie de chacun de façon ou d'une autre. Vous la ressentirez à des degrés divers au fur et à mesure que vous avancerez dans la vie. La différence maintenant, c'est que vous n'êtes plus paralysé par l'anxiété, car vous savez comment atténuer son impact et vous libérer de son emprise limitante. Bienvenue dans votre nouvelle vie, sans les contraintes de l'anxiété.

Continuez à utiliser les outils et à pratiquer les exercices de ce livre. Pour maintenir l'élan, faites-en une ou deux par jour. Prenez un moment chaque jour pour faire ces exercices, afin qu'ils deviennent une routine, peut-être dès votre réveil ou comme rituel de détente avant de vous coucher. Vous verrez que la conscience, la compassion et l'acceptation sont des outils puissants pour réduire l'anxiété à tout moment. Lorsque l'on est parfaitement familiarisé avec les exercices de pleine conscience, on peut faire appel à ses propres ressources pour se calmer dans une situation anxiogène.

Cependant, la pleine conscience et ses composantes sont bien plus que des outils. La pleine conscience est un style de vie. Lorsque vous vivez consciemment, vous êtes moins affecté par l'anxiété et, même lorsqu'elle est présente, vous saurez instinctivement qu'il s'agit d'une expérience qui ne vous définit pas et n'affecte pas votre comportement. Lorsque vous êtes en harmonie avec vous-même et le moment présent, vous êtes libre de vivre pleinement cet instant.

Continuez à pratiquer les exercices que vous avez appris : vous êtes sur la bonne voie pour vous libérer des chaînes de l'anxiété et avancer vers la qualité de vie que vous souhaitez pour vous-même !

Identifier les défis de l'anxiété

Il est impossible pour les humains d'éliminer complètement l'anxiété, mais nous pouvons réduire considérablement son emprise sur nos vies. Une partie de la gestion de l'anxiété consiste à anticiper quand elle pourrait survenir et à élaborer un plan pour y faire face lorsqu'elle se manifeste. Il s'agit d'un processus qui consiste à examiner vos déclencheurs d'anxiété et à identifier ce qui fonctionne le mieux pour aider à la réduire.

Façons de détecter l'anxiété avant qu'elle ne survienne:

- Comprenez vos symptômes spécifiques: que ressentez-vous lorsque l'anxiété augmente ? Dans quelles situations vos symptômes s'intensifient-ils ? Est-ce qu'ils diminuent ?
- Sachez ce qui fonctionne: quelles stratégies sont particulièrement utiles en période de forte anxiété ? Peut-être une respiration profonde ou des exercices de pleine conscience spécifiques de ce livre ? Parler ou simplement être avec une personne de soutien peut également aider.

L'étape suivante consiste à élaborer un plan sur la manière de gérer l'anxiété lorsqu'elle apparaît. Créer un plan écrit est une bonne idée, car c'est quelque chose de pratique à consulter, ce qui aide également à le garder en mémoire. Votre plan pourrait ressembler à ceci (inscrivez vos réponses dans les espaces ci-dessous):

Lorsque je commence à remarquer de l'anxiété dans mon corps ou mon esprit, je mettrai en œuvre ces stratégies:

Ainsi, j'utiliserai la pleine conscience pour réduire l'anxiété immédiatement:

Si je me sens particulièrement stressé, j'écrirai ou j'appellerai:

C'est ce que je ferai chaque jour pour maintenir une vie saine et un esprit serein, afin de mieux maîtriser l'anxiété:

Créer un programme décrivant comment et quand utiliser des stratégies mentales vous aidera à garder l'anxiété sous contrôle.

L'anxiété apparaîtra de temps en temps, mais elle ne devrait pas affecter votre comportement.

Trouvez ce qui fonctionne pour vous

La pleine conscience est une méthode universelle, mais son efficacité varie d'une personne à l'autre. Elle peut aider chacun à réduire son anxiété et à améliorer sa qualité de vie. Cependant, comme chacun ressent l'anxiété différemment, les stratégies de gestion de ses symptômes sont individualisées et spécifiques. Pour déterminer ce qui fonctionne le mieux, expérimentez les méthodes décrites dans ce livre jusqu'à ce que vous trouviez la bonne combinaison de tactiques qui vous aideront à réduire l'anxiété et à vous adapter à votre vie et à votre routine quotidienne. Voici les premières étapes pour personnaliser votre plan de gestion de l'anxiété :

- Faites une liste: commencez par rédiger une liste des exercices qui vous ont le plus aidé. Garder une liste à jour des stratégies qui fonctionnent pour vous dans un sac, un tiroir ou partout ailleurs accessible vous aidera à gérer votre anxiété lorsque vous êtes trop nerveux pour vous rappeler quoi faire ensuite. Une liste courte et claire d'exercices soigneusement choisis vaut mieux qu'une liste longue et moins ciblée.
- Établissez un horaire: une fois que vous avez votre liste, il est important d'établir un horaire indiquant quand faire les exercices régulièrement. Ces exercices devraient faire partie de votre routine habituelle comme toute autre chose : plus vous les pratiquerez, plus vous en ressentirez les bienfaits. Faire au moins un exercice chaque jour jusqu'à ce que cela devienne une habitude est le meilleur moyen de développer une routine de force qui transformera à la fois votre relation avec l'anxiété et votre vie.

De plus, ces conseils peuvent vous aider à créer et à personnaliser un programme de maintenance durable et conscient :

- Choisissez un moment de la journée pour pratiquer en pleine conscience, car avoir un horaire régulier vous aide à respecter votre emploi du temps.
- Choisissez un environnement où vous disposerez d'un endroit confortable pour vous asseoir ou vous allonger, remplissez l'espace de meubles, de décorations et d'objets qui vous procurent une tranquillité d'esprit.
- Faites de cette pratique une habitude : profitez d'une boisson apaisante, sans alcool ni caféine, écoutez de la musique relaxante et méditative ou restez en silence, selon votre préférence. Allumez peut-être une bougie ou utilisez un diffuseur d'huiles essentielles.
- Ne vous restreignez pas. Si vous avez une réunion ou toute autre obligation qui survient pendant votre moment habituel de pratique, ajustez votre emploi du temps sans vous en faire. Une pratique régulière vous encourage à développer une habitude de pleine conscience et contribuera à réduire l'anxiété, mais cela ne signifie pas que vous devez être inflexible.
- Trouvez des moyens d'enrichir et d'améliorer cette pratique. Considérez-le comme un moment agréable plutôt que comme un fardeau ou une corvée. Dans la vie trépidante, au-delà des horaires prévus, prendre une pause pour la détente et la réflexion peut être un vrai plaisir ! Rappelez-vous la raison pour laquelle vous pratiquez en pleine conscience : vivre une vie de qualité, délivrée du contrôle de l'anxiété. Savoir et garder toujours votre objectif en tête vous aidera à rester motivé pour maintenir une pratique régulière et cohérente.

CHAPITRE 8 : COMMENT VOUS SIMPLIFIER LA VIE

Lorsque l'anxiété vous envahit, vous pouvez avoir l'impression que le monde entier s'effondre sur vous, et c'est un sentiment épouvantable qui vous laisse impuissant face à un danger imaginaire. L'anxiété résulte de pensées incontrôlées, qui peuvent être difficiles à évacuer. La bonne nouvelle, cependant, est que vous pouvez apporter des changements positifs à votre mode de vie pour lutter contre l'anxiété, plutôt que de devoir y faire face pour le reste de votre vie.

Gardez à l'esprit que les choix de mode de vie ont une grande influence sur la gestion de l'anxiété. Il existe de nombreuses habitudes que nous adoptons au fil du temps et qui finissent par nourrir notre anxiété. Par exemple, fumer est un moyen de gérer le stress pour certaines personnes. Ils ne le savent probablement pas, mais fumer contribue à augmenter l'anxiété, tout comme manger en excès, consommer du sucre et des aliments transformés lorsqu'on est stressé n'aide en rien à la gérer.

Que ce soit en choisissant de manger sainement ou en comprenant l'importance de respirer profondément, vous pouvez apporter de nombreux petits changements pour lutter contre l'anxiété. La bonne nouvelle est que ces changements de mode de vie entraîneront une amélioration générale de votre santé. Assurez-vous de vous engager à les mettre en pratique et vous observerez l'incroyable transformation de votre vie.

Dormez suffisamment

Par sommeil adéquat, j'entends au moins six à sept heures de sommeil de qualité, profond et réparateur, car l'insomnie est l'un des symptômes de l'anxiété. C'est pourquoi l'anxiété et l'insomnie vont souvent de pair. Une bonne nuit de sommeil peut vous aider à mieux maîtriser l'anxiété.

Pour passer une bonne nuit de sommeil, vous pouvez prendre des mesures concrètes pour améliorer la qualité de votre sommeil. Voici quelques étapes à suivre :

- Prenez une douche avant de vous coucher.
- Buvez un verre de lait chaud avant de vous coucher.
- Éliminez le bruit et toute forme de distraction dans votre chambre.
- Créez une routine de sommeil régulière et respectez-la.
- Assurez-vous que votre chambre est bien ventilée.
- La température de votre chambre ne doit ni être trop chaude ni trop froide.
- Évitez la lumière bleue avant de dormir. Utilisez une lumière tamisée si vous ne pouvez pas dormir dans l'obscurité totale.
- Évitez tous les écrans (téléphone et télévision) au moins 30 minutes avant de vous coucher.
- Dès midi, arrêtez de consommer de la caféine, car elle altère la qualité du sommeil.
- Ne faites pas d'exercice le soir : arrêtez toute activité qui pourrait vous stresser de manière importante. Alternativement, vous pouvez pratiquer le yoga.
- Ne mangez pas trop tard le soir. Si vous devez manger, privilégiez des aliments légers et faciles à digérer. Je recommande le miel ou l'huile MCT.
- Gardez vos appareils électroniques en mode silencieux ou en mode avion.
- Prenez un supplément de magnésium.

Évitez de travailler à la maison

L'une des plus grandes sources de stress et d'anxiété pour beaucoup de personnes est leur travail, car la pression professionnelle affecte leur santé mentale, déclenchant du stress et de l'anxiété. Pour cette raison, assurez-vous de maintenir un équilibre sain entre vie professionnelle et vie privée : évitez de consulter vos e-mails et de lire des messages liés au travail une fois de retour à la maison. Accordez-vous du temps pour vous détendre et retrouver votre partenaire ou votre enfant.

Veillez à prendre des vacances régulièrement ; c'est un excellent moyen de se libérer du stress du travail et de se ressourcer.

Faites attention à votre alimentation

À l'insu de beaucoup, ce que vous mettez dans votre corps joue un rôle important dans l'anxiété. Certains aliments maintiennent constamment l'organisme dans un état de toxicité. Si vous aimez fumer et noyer votre douleur dans l'alcool, cela n'aide pas votre corps, même si l'alcool peut vous faire oublier temporairement la douleur, à long terme il stimulera l'anxiété.

Le cerveau, étant l'une des parties les plus actives de votre corps, a besoin d'un flux constant de nutriments pour fonctionner correctement. Lorsque vous mangez mal, vous n'aurez pas l'énergie nécessaire pour fonctionner de manière optimale, ce qui perturbera vos neurotransmetteurs et favorisera l'anxiété.

- Assurez-vous de privilégier une alimentation saine, riche en aliments complets. De plus, restez constamment hydraté. Vos repas doivent être faibles en graisses trans et enrichis en calcium. Réduisez la consommation de caféine, d'aliments transformés et emballés, de sucre raffiné et de viande rouge. Préférez les fruits, les noix, les légumineuses et les graines.
- Réduisez la consommation de boissons sucrées. Le thé ne doit pas être trop sucré et éliminez les boissons gazeuses.
- Essayez de passer au décaféiné : une consommation excessive de caféine est une cause majeure d'anxiété. Si vous êtes déjà accro au café, réduisez-le progressivement.

Limitez l'utilisation des médias sociaux

L'une des principales causes d'anxiété est l'usage excessif des réseaux sociaux. Si vous n'y faites pas attention, ce que les réseaux sociaux vous montrent pourrait vous stresser et alimenter votre anxiété. Par exemple, les opinions des gens sur divers sujets tels que la religion, la politique, les problèmes personnels et l'actualité, ou encore, si vous n'y faites pas attention, voir les vacances en famille d'un ami peut créer une mauvaise image et vous donner une fausse impression. Cela pourrait vous amener à penser que les autres vont bien et sont heureux, alors que vous êtes en souffrance, ce qui pourrait vous faire craindre de vous perdre, alimentant ainsi votre anxiété. Alors, faites attention à ce que vous voyez sur les réseaux sociaux et ne laissez pas l'anxiété vous piéger.

Mesures à prendre pour réduire le stress

Le stress et l'anxiété sont souvent liés : en d'autres termes, le stress excessif est souvent une conséquence de l'anxiété. Dans cette optique, l'une des meilleures choses que vous puissiez faire pour vous-même est de prendre le temps de gérer et d'évacuer le stress. Assurez-vous d'apprendre à gérer le stress de manière saine. Même si l'alcool peut vous faire oublier vos soucis pendant un certain temps, il n'aide pas sur le long terme. Voyons quelques conseils pour vaincre le stress :

- Identifiez les sources de stress dans votre vie et trouvez des moyens sains de les gérer. Le stress peut être lié aux responsabilités, aux relations insatisfaisantes, etc. Une fois que vous l'avez identifié, vous pouvez prendre des mesures positives pour y remédier.
- La musique a une formidable capacité à détendre le corps. Peu importe à quel point vous êtes stressé, une musique relaxante peut vous aider à calmer vos nerfs. Prenez l'habitude d'écouter de la musique, car elle a un effet relaxant sur la santé mentale.
- Lorsque vous êtes stressé, votre respiration devient courte et superficielle. Essayez de prendre de grandes respirations, car cela aide à augmenter la circulation de l'air, forçant votre corps à se détendre.

Entrez en contact avec la nature

Passer huit heures par jour dans un bureau climatisé n'aide pas, puis, lorsque vous avez fini de travailler, vous quittez votre bureau, marchez jusqu'à votre voiture et, pendant que vous conduisez, il y a toujours la climatisation. Vous ne prenez pas le temps de profiter de la brise naturelle et de la vitamine D du soleil. Il n'est pas surprenant que l'anxiété se développe dans de telles conditions. Assurez-vous de vous promener dans le parc, de faire du tourisme, d'aller au zoo et de passer du temps à apprécier la nature. Même si vous habitez en ville, il devrait y avoir des parcs à visiter. Mieux encore, avoir un jardin, prendre soin de la terre : cela vous occupera non seulement, vous n'aurez pas de place pour l'anxiété, mais cela vous permettra aussi de vous salir les mains.

Assurez-vous que votre maison est exempte de tout encombrement

Un logement en désordre est l'une des principales sources de stress et d'anxiété. Nous avons tous tendance à accumuler des objets inutiles : il y a des vêtements que nous n'avons pas portés depuis des années et qui restent dans notre garde-robe. Nous nous accrochons à des objets sans raison tangible, et pourtant, ces choses ne font qu'alimenter l'anxiété. Vous souvenez-vous de la dernière fois que vous avez cherché quelque chose et que vous l'avez trouvé dans les piles de désordre chez vous ? Ce sont des choses que vous n'auriez pas à chercher si la maison était bien rangée, et il ne s'agit pas seulement de maintenir une maison propre. Il s'agit de se débarrasser des objets inutiles, des objets sentimentaux, des objets historiques, etc., dont vous n'avez pas besoin et qui ne vous apportent rien de positif. Assurez-vous de passer pièce par pièce et de vous débarrasser de tout ce que vous n'avez pas utilisé depuis un certain temps : faites un don, vendez-les ou débarrassez-vous-en. Vous vous sentirez bien, réduisant ainsi l'impact de l'anxiété.

Méditer

Nous devenons anxieux à propos de choses que nous ne pouvons pas contrôler : nous nous inquiétons et nous obsédons sur des problèmes qui affectent notre santé mentale, imaginant des scénarios où les choses pourraient mal tourner, et c'est l'anxiété qui nous fait nous perdre dans des pensées inutiles. Cependant, lorsque vous méditez, vous ramenez vos pensées au moment présent. Plutôt que de vous inquiéter pour des choses que vous ne pouvez pas contrôler, la méditation vous aide à vous concentrer sur quelque chose que vous pouvez contrôler : votre respiration. Je vous recommande de commencer votre journée par quelques minutes de méditation, en gardant votre respiration comme point central. Ce n'est pas quelque chose d'ennuyeux, inspirez et expirez consciemment cinq fois, en vous concentrant sur votre respiration. C'est la méditation dans sa forme la plus simple.

Bénéficiez d'un soutien social

L'anxiété se nourrit de la solitude et du stress, et il est donc nécessaire de créer un système de soutien sain autour de vous pour la surmonter. N'oubliez pas que votre cercle d'amis et de proches ne doit pas être composé de personnes critiques qui vous rendront toujours agité.

Les amis sont utiles, car ils peuvent nous aider à évaluer de manière réaliste les menaces et nous offrir du réconfort. De plus, un groupe de soutien peut vous montrer que vous n'êtes pas seul dans cette situation, vous permettant d'apprendre de l'expérience des autres et de leurs mécanismes de gestion. En plus de rejoindre un groupe de soutien, vous pouvez rester en contact avec votre famille et vos amis, ou adopter un animal de compagnie. Un chien ou un chat, par exemple, peut être d'un grand soutien.

Prends soin de toi

Vous êtes une personne unique et précieuse, la plus importante dans votre vie. Vous méritez le meilleur, peu importe ce que disent les voix dans votre tête – assurez-vous de ne pas vous négliger. Allez chez le coiffeur, faites-vous masser, offrez-vous une pédicure et une manucure, allez au sauna avec un ami, sortez le soir avec votre groupe, ou offrez-vous un cadeau. Cela peut vous aider à surmonter l'anxiété.

Trouver un sens aigu du but

En d'autres termes, trouvez un but qui vous inspire. Vous ne devriez pas vivre la vie comme elle vient. Avec un fort sentiment d'utilité, vous serez mieux préparé à faire face à tout ce que la vie vous réserve sans sombrer dans l'anxiété et la dépression. De plus, un fort sentiment d'utilité est comme un bouclier contre les hauts et les bas de la vie, car vous serez satisfait de la vie même dans les jours difficiles, ce qui peut vous empêcher de tomber dans l'anxiété.

Faites de l'exercice une habitude quotidienne

L'une des mesures les plus importantes que vous puissiez prendre pour combattre l'anxiété et reprendre le contrôle est l'exercice, car il peut améliorer votre humeur, réduire la libération d'hormones de stress et vous faire sentir bien dans l'ensemble. Vous n'êtes pas obligé de vous entraîner de manière intensive ou de rejoindre une salle de sport locale. Un simple programme d'exercices, comme le yoga, la marche ou le tai-chi, peut améliorer considérablement votre humeur, ne laissant aucune place à l'anxiété.

L'exercice favorise la production d'endorphines et de sérotonine, des substances chimiques du cerveau qui aident à combattre la dépression et l'anxiété. Une simple marche de 30 minutes chaque jour peut transformer votre humeur : en plus de lutter contre l'anxiété, l'exercice est un bon moyen de mettre de l'ordre dans votre vie, de combattre les maladies et de rester en bonne santé.

Déclarations positives

Nous devenons anxieux en anticipant toutes les façons dont les choses peuvent mal se passer. Cependant, lorsque vous contrecarrez cela avec des pensées et des affirmations positives, cela peut vous aider à améliorer votre humeur et à combattre l'anxiété. Non seulement cela aide à surmonter les pensées négatives, mais cela met également les choses en perspective et vous remonte le moral.

L'un des problèmes les plus courants chez les personnes anxieuses est l'intensification de leurs symptômes. Par exemple, disons que vous vous rendez à un entretien d'embauche et que vous avez une crevaison : même si le changement de pneu peut être assez simple, l'anxiété peut dérailler vos pensées rationnelles et vous amener à envisager des scénarios catastrophiques. Lorsque l'anxiété règne, il peut devenir trop facile de conduire votre esprit rationnel au bord du gouffre.

Les meilleures façons de retrouver un calme instantané

Avec plus de 4 millions de Français souffrant d'anxiété chaque année, celle-ci est considérée comme l'un des principaux problèmes de santé mentale en France. Cependant, cette estimation pourrait être encore plus élevée, car de nombreuses personnes anxieuses ne consultent pas leur médecin ou ne déclarent pas leurs symptômes.

Affirmations positives

Si vous vous parlez de manière négative, transformez cela en positif. Cela vous aidera à atténuer la peur que vous ressentez. La plupart du temps, l'anxiété est comme une peur qui vous retient et ne vous lâche pas : vous devez apprendre à la reconnaître comme une crise d'angoisse et à dégonfler la peur. Cela peut être appris par vous-même ou en travaillant avec un conseiller. Arrêtez d'inventer des dangers dans votre tête pour justifier une attaque. Une fois que vous réaliserez qu'il s'agit d'une crise d'angoisse et que vous cesserez d'essayer d'en faire quelque chose qu'elle n'est pas, vous serez en mesure de mieux gérer l'anxiété.

Images guidées

Vous pouvez, par exemple, imaginer à quoi ressemblerait et sentirait une mer calme, ou visualiser les couleurs présentes lors d'un magnifique coucher ou lever de soleil. Plus l'image est vive, meilleures sont vos chances de trouver le calme instantané que vous recherchez.

Prière ou méditation

Si vous avez une prière spécifique en tête, comme le Notre Père, il est important de ne pas précipiter les mots. Prenez le temps de réfléchir à chaque mot, comme si vous ne l'aviez jamais prononcé auparavant, ou comme si vous écriviez la prière sur papier. Cela peut vous aider à recentrer vos pensées, en vous éloignant de la source de votre anxiété pour guider votre esprit vers une réflexion plus rationnelle, vous permettant ainsi de calmer les réactions automatiques de votre cerveau.

Si vous n'êtes pas du genre à prier, mais que vous recherchez une expérience similaire, vous pouvez essayer une simple méditation, une pratique qui consiste à se concentrer sur sa conscience intérieure et à atteindre un état de relaxation profonde. Certains préfèrent méditer en répétant un mantra spécifique, comme « om », tandis que d'autres trouvent le mouvement utile, comme dans le tai-chi ou le yoga, ou encore simplement s'asseoir dans un silence contemplatif pour trouver un calme immédiat.

La méditation est souvent efficace pour apaiser les symptômes cognitifs de l'anxiété. Lorsque votre esprit est envahi par une multitude de pensées confuses, un exercice de concentration, tel que la méditation, peut vous aider à apaiser vos pensées et à éliminer ce qui vous cause de l'anxiété. Elle favorise également une vie plus consciente, en réduisant les réactions de l'esprit face au stress.

Apprenez à être reconnaissant

Même si l'expression « comptez vos bénédictions » peut sembler banale, elle a fait ses preuves pour apporter davantage de calme à l'esprit. Lors d'une période d'anxiété intense, nous avons tendance à nous concentrer sur les aspects négatifs. À la place, essayez de penser à tout ce pour quoi vous êtes reconnaissant dans votre vie, et observez ce qui va bien dans le monde. Plus vous pouvez enrichir votre liste de gratitude, mieux vous vous sentirez.

Créativité et loisirs

Avez-vous des passe-temps ou des projets qui vous plaisent ? De nombreuses personnes anxieuses vous diront qu'elles n'ont pas de passe-temps ou qu'elles ont abandonné leurs centres d'intérêt. Peut-être que ce dont vous avez besoin pour surmonter l'anxiété, c'est d'un peu de créativité.

Sigmund Freud, le fondateur de la psychiatrie moderne, a

affirmé que la dépression résultait d'une créativité réprimée, et a observé que de nombreuses personnes dépourvues de créativité souffraient aussi de troubles mentaux, comme la dépression et l'anxiété.

Si vous vous lancez dans un passe-temps qui vous passionne, il est fort probable que vous oubliiez les préoccupations qui nourrissent votre anxiété et que vous vous concentriez sur ce que vous faites. Beaucoup de gens trouvent un exutoire créatif lorsqu'ils sont angoissés.

Pour trouver l'activité créative qui vous convient, réfléchissez à ce que vous aimiez faire par le passé. Quels types de loisirs ou de projets créatifs vous intéressaient ? Prenez-vous le temps de vous y adonner aujourd'hui ? Même si vous ne trouvez pas le temps lorsque vous êtes anxieux, ces activités peuvent envahir votre vie si vous leur en donnez l'occasion. Commencez à explorer les passe-temps et les activités créatives qui vous permettront de reprendre le contrôle et de réduire votre anxiété.

Voici quelques exemples de passe-temps populaires qui peuvent vous aider à réduire l'anxiété:

- Peinture
- Écriture
- Couture
- Scrapbooking
- Photographie
- Travail du bois

Ces passe-temps sont parfaits pour détourner votre attention de l'anxiété et stopper le cercle vicieux des pensées négatives. Si vous n'êtes pas sûr de l'activité qui vous convient, ou si vous souhaitez essayer quelque chose de nouveau mais ne savez pas par où commencer, cherchez un cours ou rendez-vous dans un magasin de loisirs créatifs pour voir s'ils proposent des ateliers.

CHAPITRE 9 : LÂCHER PRISE SUR LE PASSÉ

Dans ce chapitre, vous apprendrez à vous libérer des liens de l'inquiétude et de l'anxiété excessive en prenant le temps de pratiquer l'exercice simple de la pleine conscience.

La capacité de penser est l'un des facteurs déterminants propres à l'humain et qui nous distingue des autres animaux. Cette faculté de penser nous permet d'avoir une idée et de créer à partir de celle-ci, mais elle nous expose également à un autre type de peur, unique à l'espèce humaine. Ce type de peur est ce qu'on appelle la peur psychologique.

La peur psychologique provient du fait de savoir qu'un événement s'est produit dans le passé et qu'il est possible qu'il se reproduise dans le futur. La pensée recrée une image vivante de ce qui s'est produit la dernière fois, soit dans notre propre expérience, soit dans les récits d'autres personnes. Les animaux ne possèdent pas l'imagination créative, c'est pourquoi ils ne ressentent pas ce type de peur.

Un problème survient lorsque vous confondez vos pensées sur les choses avec les choses elles-mêmes. Il est facile d'imaginer une grenouille et de savoir que celle-ci, dans votre tête, n'est pas la même qu'une vraie grenouille. Cependant, lorsqu'il s'agit d'événements imaginaires, il est plus difficile de faire la distinction.

Tout le monde a parfois des pensées négatives et peut, à un moment donné, y croire. Cependant, tout le monde ne développe pas d'anxiété, de dépression ou de stress émotionnel persistants. Une question importante se pose : qu'est-ce qui détermine si ces pensées disparaîtront ou si un inconfort prolongé et intense se développera ? Les pensées liées à l'estime de soi ne sont pas plus réelles qu'une grenouille imaginaire. Si vous passez en mode « être », vous verrez les choses plus clairement. Vous pouvez prendre du recul, observer les pensées et les émotions qui vous viennent à l'esprit et les laisser se manifester comme des sons, des goûts et des formes. Cependant, lorsque vous pensez : « Je me sens comme un échec », ne considérez pas cela comme une réalité et ne vous laissez pas entraîner dans une rumination inévitable.

Cela ne signifie pas que les animaux n'ont pas peur, mais plutôt qu'ils ressentent une peur liée à un événement actuel. Les oiseaux migrent en grand nombre lorsqu'ils perçoivent l'approche d'un mauvais temps : c'est de la peur, mais contrairement à la peur psychologique, elle n'émerge pas de l'imagination, mais d'un instinct de survie.

Il existe un autre fait intéressant concernant la peur psychologique. Bien que l'événement auquel vous pensez ne soit qu'un produit de votre imagination et non un événement réel, le corps humain réagit comme si l'événement se produisait réellement.

L'anxiété se traduit souvent par un état de déconnexion entre l'esprit et le corps humain, où les schémas de pensée vont dans une direction, les émotions dans une autre et les sensations physiques dans une direction différente. La vie de la personne semble fragmentée. En termes simples, même si l'événement n'a pas lieu dans le présent, ses effets sont réels et finissent par perturber ou déformer la perception actuelle de la réalité.

Lorsqu'une personne est anxieuse, son esprit se déconnecte du corps et ce dernier en subit les conséquences. Les pensées, émotions et sensations physiques vibrent à différentes « fréquences ». La bonne nouvelle, cependant, c'est que la pleine conscience, en tant qu'outil, peut aider à rétablir l'équilibre, car elle est très efficace pour harmoniser pensées, émotions et actions physiques.

Beaucoup de gens se perdent dans leurs pensées, et le processus de réflexion devient presque inconscient. La pleine conscience est une compétence qui peut être apprise et développée au fil du temps si elle est intentionnellement cultivée par une pratique régulière. Cela peut sembler difficile au début, car l'esprit humain a tendance à s'égarer rapidement et à se perdre dans des pensées sur l'avenir ou sur ce qui pourrait mal tourner.

Cependant, cet engagement mérite d'être pris en compte pour comprendre l'effet de nos pensées sur notre vie quotidienne et, par extension, sur notre avenir.

Qu'est-ce que la pleine conscience a à voir avec l'anxiété?

L'anxiété survient lorsque vous vous concentrez sur des connexions incertaines, en négligeant d'autres possibilités. Il n'est pas rare de trouver des personnes qui se perdent dans des scénarios du type « si... », en travaillant avec des hypothèses et des situations hors de leur contrôle, alors qu'il serait plus facile de prendre une vision plus positive et d'éviter de se laisser entraîner dans des pensées négatives.

Imaginez un homme d'affaires qui, le lendemain, a une présentation importante avec certains de ses investisseurs potentiels et tombe soudainement dans une crise de panique inutile. Il commencera très probablement à penser à tout ce qui pourrait mal tourner avant, pendant et après l'événement. Il ne penserait jamais à toutes les autres choses positives qui pourraient se passer. Des pensées telles que l'oubli de la clé USB, l'incapacité de parler correctement, les diapositives qui ne s'ouvrent pas sur l'ordinateur, des problèmes avec le microphone ou, finalement, ne pas faire une bonne impression sur les investisseurs, etc.

Cela aurait été un effort plus productif et plus utile si cette même énergie mentale avait été canalisée dans la préparation de sa présentation. Il pourrait se concentrer sur le moment présent et la possibilité de maximiser chaque instant qu'il passerait devant ses auditeurs et, finalement, réaliser une bonne présentation qui augmenterait la confiance des investisseurs dans sa capacité à gérer leurs actifs. Ce mauvais scénario peut être géré correctement en apprenant et en appliquant la pleine conscience.

La pleine conscience vous donne un contrôle total et l'esprit devient un outil utile plutôt qu'un maître encombrant. L'une des façons les plus simples de commencer à penser consciemment est de le faire pendant un repas. Pendant ce processus, vous accordez plus d'attention aux aliments dans votre assiette, en prenant conscience de leurs couleurs, textures, saveurs et de la sensation que vous ressentez lorsque vous les mâchez. C'est bien mieux que de se gaver de nourriture sans intérêt particulier, et c'est un moyen d'engager l'esprit de manière positive.

Ce qui est intéressant avec la pleine conscience, c'est qu'elle permet de prendre conscience du fait que vous pensez, parce que votre pensée est quelque chose que vous produisez volontairement et non quelque chose qui devrait se produire spontanément ou accidentellement, comme un train qui roule sans fin.

Lorsque vous vous engagez dans une réflexion consciente, vous devenez responsable de vos pensées et vous reprogrammez vos schémas de pensée : des schémas de pensée passés qui se sont construits à travers un mode de vie, des expériences, une culture et des relations clés, telles que celles avec les parents, l'école, la famille et chaque personne ayant joué un rôle important dans votre vie et votre éducation. Beaucoup de ces schémas sont toxiques pour votre santé mentale et doivent donc être éliminés par tous les moyens.

Lutter contre l'évitement expérientiel par la sensibilisation

Les personnes qui souffrent d'anxiété adoptent souvent certains comportements appelés « évitement expérientiel ». Cela se produit lorsqu'une personne est hantée par les souvenirs d'un événement passé et ne veut pas être confrontée à certains éléments qui caractérisent cette expérience. Certains de ces éléments peuvent être des sensations corporelles, des émotions, des pensées, etc.

Malheureusement, lorsque l'on tente d'éviter ces pensées de cette manière, on finit par produire le contraire de ce que l'on veut, et une telle personne devient de plus en plus anxieuse et incontrôlable. Les personnes qui affichent un comportement d'évitement expérientiel normal sont beaucoup plus susceptibles de développer des phobies et tenteront de fuir lorsqu'elles seront confrontées à une crise de panique inattendue, bien plus que celles qui parviennent à contrôler leur esprit. La suppression des pensées et des sentiments contribue au développement et au maintien du trouble d'anxiété généralisée, des phobies spécifiques et du trouble de stress post-traumatique.

Comment appliquer la pleine conscience pour gérer l'anxiété?

Le processus de guérison de l'anxiété grâce à la pleine conscience est connu sous le nom d'« intégration », dans lequel toutes les parties séparées, isolées ou niées doivent être réintégrées dans la conscience.

Ce processus repose généralement sur trois objectifs fondamentaux:

- Soyez conscient des expériences: c'est la première étape avant de vous engager dans la pleine conscience. Vous devez identifier ce qui vous rend anxieux et analyser les expériences passées qui en sont le catalyseur. De plus, vous devez observer les actions d'évitement internes et externes que vous avez prises pour supprimer ou éviter les émotions associées à ces expériences.
- Développez une vision plus flexible de votre situation et de vos circonstances: vous devez essayer de passer d'un état d'esprit très critique, rigide et contrôlant à une attitude plus bienveillante, compatissante et sans jugement. En d'autres termes, vous devez adopter une attitude plus ouverte.
- Améliorez votre bien-être mental dans tous les aspects de votre vie: Vous devez cultiver la flexibilité cognitive et vivre pleinement dans le présent, plutôt que de vous laisser piéger par le passé. C'est ainsi que vous obtiendrez de véritables changements qui enrichiront votre vie.

Vous vous demandez peut-être pourquoi vous devriez prêter attention à une pensée que vous considérez probablement comme votre plus grand problème. Il n'y a pas de meilleure manière de surmonter ces pensées anxieuses que de les affronter. Plus vous évitez les pensées, plus vous leur donnez de pouvoir sur vous, devenant ainsi prisonnier de leur influence. Mais si vous les recherchez activement, vous commencerez à les voir comme moins inquiétantes qu'auparavant.

Grâce à la pleine conscience, vous commencerez à voir vos pensées, vos émotions et vos réactions telles qu'elles sont réellement, sans leur permettre de vous distraire de l'accomplissement de vos objectifs quotidiens.

Cet état d'esprit vous aidera à choisir à qui accorder votre attention, à reconnaître ce qui mérite vraiment votre énergie et à réagir plus calmement et avec sagesse.

Quels sont les avantages de la pratique continue de la pleine conscience?

Voici les avantages de la pratique continue de la pleine conscience:

- Vous serez surpris de tout ce que vous découvrirez sur vous-même. Vous pourrez exploiter un potentiel inerte dont vos émotions vous avaient aveuglé dans le passé.
- Vous bénéficierez d'une vision plus large qui dépasse vos limites et obstacles antérieurs.
- Votre confiance sera portée à un niveau élevé. Les situations qui vous auraient paru menaçantes dans le passé deviennent désormais parfaitement normales et perdent leur pouvoir de vous effrayer.
- Lorsque vous le permettez, les situations effrayantes se dissipent naturellement.
- Les pensées surgissent dans notre conscience éveillée, se développent et se dissipent sous l'influence de notre pleine conscience.
- La pratique de la pleine conscience vous permet de voir comment vos pensées, vos émotions et vos réactions changent rapidement et profondément. Vous réaliserez qu'il n'y a aucun moyen de maintenir ou de réparer les états "heureux" et d'exclure définitivement les états "désagréables", vous permettant ainsi de vivre une vie sans soucis ni panique inutiles.

Choisir la pleine conscience pour se libérer de la peur

En appliquant la pleine conscience telle qu'elle est explorée dans ce chapitre, nous utilisons le même principe de « prévention de l'exposition et de la réponse », souvent utilisé en thérapie cognitivo-comportementale. Nous affrontons nos peurs avec courage et détermination et attendons que l'anxiété s'apaise et disparaisse. La décision courageuse de rester inébranlable face à la peur réduit la réaction émotionnelle qui se serait produite dans une atmosphère d'inquiétude et d'anxiété. Ce moment, vu comme quelque chose de moins désagréable et de moins menaçant, peut conduire à une meilleure tolérance aux conséquences et aux situations défavorables.

Avec la pleine conscience, vous pouvez délibérément créer une situation anxiogène et apprendre à y faire face, augmentant ainsi votre capacité à y faire face. Le nouveau défi qui vous attend maintenant est de consacrer suffisamment de temps pour obtenir les résultats que vous désirez, cela vous permettra de gérer les événements au fur et à mesure qu'ils se produisent et vous donnera l'opportunité de vous engager dans les activités quotidiennes, en ayant la pleine capacité de faire face aux événements comme ils se produisent.

Pour une personne anxieuse, le passé peut être sa kryptonite. Nous regardons souvent des choses qui se sont produites dans le passé et nous nous attardons sur le résultat ou sur la manière dont nous aurions pu le changer. Lâcher prise est l'une des choses les plus difficiles à faire, encore plus pour quelqu'un qui est submergé par l'anxiété. Il existe plusieurs scénarios qui auraient pu se produire dans le passé et conduire à votre trouble anxieux. Voici quelques façons d'abandonner une situation passée :

- Créez une affirmation positive pour contrecarrer les pensées négatives.
- Utilisez la distance physique comme barrière.
- Travaillez seul.
- Soyez prudent.
- Soyez gentil avec vous-même.
- Laissez circuler les émotions négatives.
- Acceptez qu'il ne peut y avoir de pardon.
- Prenez soin de vous.

Une approche plus déterminée et plus centrée sur les détails est la suivante:

- Décidez vous-même de lâcher prise. Les problèmes ne se résolvent pas d'eux-mêmes.
- Exprimez votre douleur et assumez la responsabilité de vos actes.
- Arrêtez de vous victimiser et de blâmer les autres.
- Profitez du présent pour vous ancrer et vous concentrer pleinement sur l'instant.
- Pardonnez-vous et pardonnez aux autres.

Ce ne sera pas toujours une chose facile à faire : certaines choses seront plus faciles à abandonner que d'autres. Les troubles anxieux, comme le SSPT, découlent d'expériences passées qui hantent littéralement une personne. Cela peut prendre des années à quelqu'un pour se remettre de quelque chose de son passé et parfois il ne s'en remet jamais, mais ce n'est pas grave aussi, car cela ne veut pas dire que cela ne peut pas être géré. Une autre façon de sortir du passé est de simplement vivre dans le présent, au jour le jour. Lorsque des difficultés vous frappent, reconnaissez-les. Vous ne pouvez pas guérir et avancer si vous ne laissez pas le négatif s'échapper : il est important de le reconnaître et de le laisser partir. Vous n'êtes pas obligé d'oublier, il ne s'agit pas d'oublier, mais de lâcher prise. Vous pouvez aller de l'avant et regarder ce qui vous attend, car l'anxiété ne doit pas nécessairement être la base de votre avenir.

Comment lâcher prise?

La clé du lâcher-prise consiste à identifier ce qui, dans votre passé, suscite toutes ces émotions. Il est important d'évaluer les choses du passé qui, selon vous, pourraient vous retenir contre votre volonté et vous causer de l'anxiété. Certaines choses nécessitent plus de travail que d'autres et celles-ci ne constituent même pas un problème sous-jacent à votre anxiété. Il est préférable de commencer à organiser les bagages de votre passé et une façon de se débarrasser de certaines de ces choses est de les examiner.

Créez un tableau avec cinq colonnes :

Première colonne

Dans cette section, notez trois problèmes non résolus de votre passé. Ce sont des choses qui vous sont arrivées et qui influencent encore aujourd'hui vous et vos décisions.

Deuxième colonne

Dans cette colonne, écrivez qui vous blâmez pour les trois situations de la première. Quelle est la personne à qui vous n'accordez pas le pardon? Le plus souvent, la réponse à cette question sera vous-même.

Le pardon est en fait une chose très puissante lorsqu'il s'agit de lâcher prise. Vous devez comprendre qu'une punition à vie pour les actions que vous avez énumérées n'est peut-être pas une bonne chose. Si la personne à qui vous devez pardonner est quelqu'un d'autre, sachez qu'en lui pardonnant, vous vous débarrassez de toute la colère, de la douleur et de l'anxiété qu'elle vous a causées. Le ressentiment est un poison pour la santé mentale, et s'y attacher ne fera qu'intensifier votre anxiété, pas l'améliorer.

Le pardon est encore un long parcours. Ce n'est pas nécessairement ponctuel : c'est quelque chose auquel vous devrez peut-être faire face pour le reste de votre vie. Il faut avant tout commencer par se pardonner, car vous êtes la partie la plus importante de cette équation, vous êtes responsable de ce que vous avez en tête et de tout ce sur quoi vous vous attardez. Oui, vous souffrez peut-être d'un trouble anxieux qui vous fait vous inquiéter et vous fait vous attarder sur des choses que vous ne devriez pas, mais cela ne signifie pas que vous ne pouvez pas travailler pour essayer de remédier à ces situations.

Troisième colonne

En regardant la première et la deuxième colonnes, quelles sont les conséquences de cette situation encore non résolue ? Peut-être qu'au début vous ne pourrez pas comprendre quelle est la conséquence, mais cela pourrait être quelque chose de minime comparé au fait de ne pas résoudre quelque chose que vous avez mis dans la première colonne avec la personne de la seconde, ce qui rend peut-être vos journées vraiment difficiles, parce que vous voyez cela tout le temps.

Quatrième colonne

Cet exercice vous est dédié pour écrire quelles sont les opportunités pour votre vie si vous abandonnez l'anxiété. À quoi ressemblerait votre vie si vous n'aviez plus à vous attarder sur ces choses?

Cinquième colonne

C'est la partie où vous essayez de résoudre le problème.

Regardez devant vous et voyez ce que vous pouvez faire pour résoudre les situations de la première colonne.

Pour pratiquer la pleine conscience, vous devez arrêter de courir et vous concentrer sur ce que vous faites. Prendre l'habitude de développer une respiration calme et régulière ralentira votre rythme cardiaque, calmera vos émotions, apaisera votre esprit, détendra vos muscles et adoucira votre corps. Concentrez-vous sur votre respiration : inspirez seulement lorsque vous avez complètement expiré. Expirez ce que vous ne voulez pas et respirez la gratitude et le bonheur.

De nombreux événements importants dans votre vie se produisent lorsque vous ne vivez pas dans le présent et que vous manquez des événements ou des opportunités plus importants que vous ne le pensez. Ne vivez pas comme si vous étiez absent : votre vie deviendra plus facile, et vous trouverez plus d'énergie et de bonheur. Vivre dans le passé ou le futur vous empêche de vivre dans le présent et vous fait vivre la vie comme si vous ne l'aviez jamais vraiment vécue.

La plupart d'entre nous ont du mal à rester présents et conscients. Il est naturel de se préoccuper de l'avenir ou de se laisser envahir par le passé, mais il y a un temps pour tout, y compris réfléchir sur les actions passées et planifier les succès futurs. L'exercice vous aide à vous concentrer sur le présent, le seul moment où vous avez réellement du pouvoir et du contrôle. Explorez trois domaines qui vous empêchent d'être pleinement attentif et pratiquez des activités pour surmonter ces obstacles.

Tout d'abord, nous aborderons les habitudes, la manière de désapprendre et l'importance de la persévérance. Vos habitudes vous font souvent vivre en pilote automatique et vous empêchent de vivre pleinement l'instant présent. Apprendre à identifier les mauvaises habitudes et à les remplacer par de bonnes peut vous aider à vous libérer des influences extérieures qui cherchent à vous contrôler par vos émotions, réduisant ainsi l'anxiété et facilitant votre présence dans l'instant. Créer des habitudes positives, corriger les mauvaises habitudes et abandonner ce que vous ne pouvez pas contrôler libérera votre énergie vitale, vous permettant de vous concentrer sur ce qui est le plus important. N'oubliez pas d'accepter votre situation actuelle. Commencez par les changements les plus simples, et vous constaterez que les plus difficiles deviendront plus faciles. Gardez toujours votre cœur et votre esprit ouverts.

Sans aucun doute, devenir plus conscient et acquérir ces compétences est non seulement utile et enrichissant, mais ce n'est pas réservé aux personnes souffrant de troubles mentaux. Apprendre à agir avec sagesse, malgré nos émotions irrationnelles, et être plus attentif à nous-mêmes ainsi qu'à notre environnement, nous apportera assurément plus de bonheur et de satisfaction. Cultiver notre capacité à être pleinement conscients de chaque instant est une pratique bénéfique qui nous aide à mieux gérer les pensées et les émotions négatives, souvent à l'origine de l'anxiété et du stress.

Grâce à une pratique régulière de la pleine conscience, vous ne céderez pas aux mauvaises habitudes et ne serez pas influencé par la peur de l'avenir ou par les souvenirs négatifs du passé. Vous développerez ainsi votre capacité à vous ancrer dans le présent et à gérer les défis de la vie avec détermination, mais dans le calme.

Vous serez alors capable de reprogrammer votre cerveau pour cultiver un état d'esprit pleinement conscient, libre des schémas de pensée auto-limitants. Cela vous permettra d'être totalement présent, de vous concentrer sur les émotions positives, de développer votre compassion et, enfin, de mieux vous comprendre vous-même ainsi que les autres.

CHAPITRE 10 : GUIDE DE L'ANXIÉTÉ POUR LES ADOLESCENTS

Conscience de la respiration

Lorsque vous contrôlez votre respiration, personne ne peut vous voler votre paix.

Au cours de cet exercice de respiration en deux parties, vous vous entraînerez à prendre conscience de votre respiration naturelle. Vous apprendrez et pratiquerez une technique de respiration simple.

Conscience

En utilisant cette technique de respiration, vous concentrerez votre attention sur une seule chose : votre respiration.

- Asseyez-vous ou allongez-vous dans un endroit confortable et calme. Détendez-vous et fermez les yeux. Placez votre main gauche juste en dessous de votre nombril et votre main droite au-dessus de votre cœur. Inspirez et expirez avec des respirations calmes et régulières. Toute respiration se fait par le nez, gardant les lèvres fermées.
- Apprenez à ressentir votre respiration lorsqu'elle entre et sort de votre corps. Ne cherchez pas à la contrôler. Ne laissez pas l'anxiété vous envahir et n'éprouvez pas le besoin de réagir. Observez simplement votre respiration et vos sensations et sachez que vous n'êtes

ni l'un ni l'autre. Vous êtes plutôt cet espace entre la pensée et le sentiment, que l'espace du yoga appelle votre essence véritable.
- Changez de posture et refaites l'exercice en vous allongeant sur le dos.

Mantra pour calmer l'anxiété

Entraînez-vous à prononcer des mantras à voix haute.

- Je suis capable.
- Je sais qui je suis et je suis assez. Je serai présent dans tout ce que je fais.
- Je choisis de penser à ce qui est bon pour moi.
- J'atteindrai la sérénité.
- Je partage mon bonheur avec mon entourage.
- Mon corps est mon véhicule dans la vie. Je le remplirai de bonté.
- Je me sens énergique et vivant.
- Ma vie se déroule à merveille.
- Je suis confiant.
- J'observe toujours avant de réagir.
- Je sais qu'avec du temps et des efforts, je peux y parvenir.
- J'aime les défis et les choses que j'apprends en les surmontant.
- Chaque étape de mon voyage me rapproche de l'endroit où je veux être.

Entraînez-vous à vous parler à la première personne, exemple : « Je suis capable » et à la troisième personne, exemple : « Michele est capable ».

Identifier et changer le parler négatif

Identifiez une pensée ou une phrase négative, puis transformez-la en une pensée positive. Cela doit refléter la personne que vous voulez devenir et la vie que vous voulez vivre.

Il respire encore

Cet exercice est particulièrement utile lorsque vous avez l'impression de respirer profondément, mais que vous ne parvenez pas à faire entrer l'air dans vos poumons. Vous vous sentez à court de souffle et rien de ce que vous faites ne semble soulager cette pression sur votre poitrine. Tout d'abord, si vous parlez, alors vous respirez, car nous parlons en poussant de l'air à travers notre cage thoracique et sur nos cordes vocales pour produire des sons qui sont ensuite façonnés par notre bouche et notre langue.

Le problème ici, c'est que vous avez inspiré trop d'oxygène et même si votre corps en a suffisamment, vous vous sentez toujours étourdi, comme si vous aviez perdu votre souffle. Votre propre panique vous envoie dans un cercle vicieux de respiration difficile, suivie par votre cerveau qui envoie des signaux de panique alors que vous vous sentez encore étourdi, ce qui vous pousse à respirer plus fort pour tenter de corriger la situation, et ainsi de suite.

Ce dont vous avez besoin à la place, c'est d'augmenter le niveau de dioxyde de carbone dans votre sang pour faire baisser ce niveau élevé d'oxygène et vous aider à vous normaliser plus rapidement. Pour cet exercice, vous aurez besoin d'un sac en plastique ou en papier. Si vous n'en avez pas sous la main, procurez-vous-en un, car cela vous aidera mieux dans l'exercice.

- Couvrez votre bouche et votre nez avec vos mains. Si vous avez un mouchoir ou quelque chose dans votre poche, vous pouvez l'utiliser pour mieux sceller. Cependant, quoi que vous utilisiez, assurez-vous de couvrir à la fois votre bouche et votre nez, sinon cela ne fonctionnera pas.
- Respirez profondément par le nez en comptant lentement jusqu'à six. En respirant plus longtemps, vous évitez d'aggraver la situation en maintenant un rythme trop rapide. Si vous sentez que vous ne pouvez pas réguler votre rythme respiratoire, continuez l'exercice au rythme que votre panique vous permet, jusqu'à ce que vous ayez l'impression d'avoir repris au moins un certain contrôle.

- La panique peut rendre difficile la rétention de votre souffle, alors expirez lentement par le nez en comptant jusqu'à six. Encore une fois, si vous sentez que vous ne pouvez pas le contrôler, allez au rythme que vous pouvez, jusqu'à ce que vous repreniez un certain contrôle.
- Dès que vous avez fini d'expirer, inspirez en gardant votre main fermement sur votre bouche et votre nez. Cela devrait vous permettre de réinspirer au moins une partie du dioxyde de carbone que vous venez d'expirer.
- Quel que soit le rythme avec lequel vous vous sentez à l'aise pour respirer, continuez l'exercice jusqu'à ce que vous commenciez à vous sentir en contrôle. Inspirez immédiatement après chaque expiration, sans aucune pause, pour vous donner les meilleures chances d'inspirer plus de dioxyde de carbone. Vous devez renouveler l'air vicié afin de pouvoir augmenter les niveaux de dioxyde de carbone plus rapidement sans aggraver le problème avec une hyper-oxygénation excessive. C'est pourquoi l'utilisation d'un sac est particulièrement efficace dans ces situations.
- Si vous avez tendance à ressentir cela de temps en temps, gardez toujours un sac en papier ou en plastique avec vous.

Respiration contrôlée

Cet exercice nécessite un peu plus de visualisation et fonctionne mieux dans un environnement calme. Cependant, tant que vous ne conduisez pas ou ne pratiquez pas d'activité nécessitant une concentration immédiate et inébranlable, vous pouvez fermer les yeux pendant quelques secondes ou une demi-minute et pratiquer n'importe où, si vous vous sentez stressé et avez besoin de vous détendre.

- Fermez les yeux. Dans l'obscurité, derrière vos yeux fermés, imaginez un contour de votre silhouette dans l'obscurité. La seule chose à l'intérieur de ce contour devrait être une représentation de votre cerveau. Si vous êtes en colère, imaginez votre cerveau enveloppé dans un brouillard de gaz rouge, et si vous êtes simplement stressé ou anxieux, imaginez que c'est un brouillard noir de gaz, tourbillonnant et remplissant votre tête.

- En gardant les yeux fermés, respirez profondément par le nez en comptant jusqu'à 5. Inspirez par le ventre, comme nous l'avons déjà dit, plutôt que par la poitrine. Imaginez la respiration que vous respirez comme un gaz vert ou bleu, selon la couleur qui vous calme le plus. Pendant que vous inspirez, imaginez que ce gaz apaisant se diffuse dans votre tête, se mêlant au gaz déjà présent.
- Au lieu de retenir votre souffle, expirez doucement par la bouche pendant cinq secondes. Cette fois, imaginez que l'autre gaz – rouge ou noir – soit expiré. Pendant que vous l'imaginez, ressentez votre colère ou votre stress diminuer lentement mais sensiblement à mesure qu'ils s'évacuent de vous. Le but est de remplacer lentement ce gaz noir ou rouge à l'intérieur de votre tête par le gaz apaisant que vous inhalez de tout ce qui vous entoure.
- Continuez à pratiquer cet exercice et imaginez ce gaz apaisant, vert ou bleu, remplacer lentement le gaz sombre à l'intérieur de votre tête, jusqu'à ce que vous ayez tout remplacé et que vous vous sentiez plus calme. Gardez les yeux fermés pendant l'exercice et concentrez-vous sur le son et le rythme de votre respiration, ainsi que sur la visualisation. Bien que cet exercice prenne environ 10 à 15 minutes, lorsque vous commencerez à pratiquer cet exercice, vous pourrez lentement vous amener à un état où 30 secondes suffiront pour vous aider à vous sentir plus détendu, surtout si vous êtes à l'extérieur et ne pouvez pas y consacrer 10 minutes.

Bien qu'il existe de nombreux autres exercices, ceux que j'ai inclus dans ce livre sont accessibles sans expérience préalable ni connaissance de la respiration et peuvent être facilement mis en pratique, même par les débutants. Ils vous aideront beaucoup à combattre les démons de l'anxiété et du stress, sans avoir besoin d'une aide extérieure.

CHAPITRE 11 : UN GUIDE POUR ADULTES SUR L'ANXIÉTÉ

Méditation de pleine conscience

Durée: 15 minutes

Allons droit au but pour vous donner les bases de la méditation mentale. Cet exercice couvre tous les fondamentaux. Vous pouvez revenir à cet exercice encore et encore au fur et à mesure de votre apprentissage.

Lorsque vous apprenez la méditation de pleine conscience, vous devez prêter une attention particulière à certains éléments clés. Le premier est la façon dont vous vous asseyez, que ce soit sur le sol, sur un coussin ou sur une chaise, la colonne vertébrale doit être droite mais détendue. Ensuite, concentrez-vous sur votre respiration, à l'endroit où vous en êtes le plus conscient, et observez-la simplement, sans chercher à la modifier. Enfin, portez votre attention sur votre respiration au niveau du nez ou des narines. Essayons.

Exécution

- Trouvez un endroit confortable pour vous asseoir, où vous ne serez pas dérangé et où vous pourrez vous concentrer sur l'exercice, idéalement pendant les 10 à 15 prochaines minutes.

- Asseyez-vous avec la colonne vertébrale droite mais détendue. Vous pouvez garder les yeux ouverts ou fermés, selon vos préférences.
- Respirez normalement, puis concentrez-vous sur l'endroit où vous ressentez votre respiration, puis portez toute votre attention sur elle.
- Soyez conscient de votre respiration et suivez-la pendant que vous inspirez et expirez.
- Lorsque vos pensées s'égarent, ramenez doucement votre attention sur votre respiration.
- Continuez à vous concentrer sur votre respiration, peut-être en restant assis pendant trois minutes la première fois, puis faites une courte pause et asseyez-vous à nouveau pendant cinq minutes la deuxième fois. Si vous vous en sentez capable, faites une autre courte pause, puis asseyez-vous à nouveau pendant cinq minutes supplémentaires.
- Sentez-vous fier de vous et continuez votre journée. Vous trouverez peut-être utile de prendre des notes sur le moment où vous avez médité, pendant combien de temps et comment cela s'est passé.

Découvrez le penseur

Durée: 15 minutes

Dans cet exercice, nous nous concentrerons sur la prise de conscience de vos pensées.

Je me souviens très bien que lorsque je me suis entraîné pour la première fois à la méditation mentale, il y a eu un changement interne où j'ai pris conscience de mes pensées et de mon esprit. Ce n'était pas que je n'avais pas eu de pensées ou que je n'en étais pas conscient auparavant, mais à ce moment-là, je suis devenu très conscient de mon esprit et des pensées qui le traversaient. Je pouvais commencer à les observer et à interagir avec elles. Au début, c'était un peu étrange et surprenant, mais très utile. C'est ce que j'entends par « découvrir le penseur ».

Exécution

- Trouvez un endroit confortable où vous asseoir et où vous pourrez vous concentrer sans être dérangé.
- Asseyez-vous avec la colonne vertébrale droite et détendue, les yeux ouverts ou fermés, selon ce qui vous convient le mieux.
- Respirez normalement, puis portez votre attention sur votre respiration.
- Soyez conscient de votre respiration et suivez-la pendant que vous inspirez et expirez.
- Commencez à être conscient de vos pensées et à prêter attention à leur nature discursive ou sinueuse.
- Essayez de prendre conscience de vos pensées et de leur origine. Si vous y parvenez, vous découvrirez ainsi votre esprit. Cela peut prendre un peu de temps. Restez dans cette phase, tout en recherchant vos pensées dans votre esprit. Si vous n'y parvenez pas, vous pourrez revenir plus tard.
- Restez assis un peu plus longtemps et laissez tout aller. Faites simplement attention à votre respiration, restez assis quelques instants supplémentaires, puis sortez lentement de la méditation.

Observer sans juger

Durée: 20 minutes

Nous avons appris des bases importantes, comme la posture assise, garder le dos droit mais détendu, être conscient de notre respiration et la concentrer, et commencer à localiser notre esprit tout en restant conscient de nos pensées. Cette étape suit logiquement ce que nous venons de faire pour prendre conscience de notre esprit et de nos pensées. Nous avons l'habitude de nous laisser emporter par des pensées aléatoires, discursives et incessantes : nous allons maintenant prendre du recul et examiner à quel point nos pensées sont souvent de nature très critique et porteuses de jugement.

Exécution

- Trouvez un endroit confortable pour vous asseoir et pouvoir vous concentrer sans être dérangé.

- Asseyez-vous avec la colonne vertébrale droite mais détendue, les yeux ouverts ou fermés.
- Respirez normalement, puis portez votre attention sur votre respiration.
- Soyez conscient de votre respiration et suivez-la pendant que vous inspirez et expirez.
- Commencez à être conscient de vos pensées et de leur nature discursive.
- Prenez conscience des jugements qui accompagnent vos pensées. Sont-ils dirigés vers vous-même, vers les autres, ou les deux ? Quelles pensées critiques avez-vous et que ressentez-vous ?
- Pouvez-vous simplement observer sans jugement ? Pouvez-vous observer vos pensées et remarquer si elles sont critiques, et si c'est le cas, faire une pause et cesser toute forme de critique ? Pouvez-vous vous accorder un peu d'espace ou prendre du recul et simplement observer les choses sans juger ? Voilà l'objectif. Essayez-le plusieurs fois, avec de courtes pauses entre chaque tentative. Si vous vous surprenez à juger, notez-le, laissez aller et revenez à la méditation.
- Asseyez-vous un peu plus longtemps et détendez-vous. Faites simplement attention à votre respiration. Asseyez-vous un peu plus longtemps, puis sortez lentement de la méditation.
- Vous souhaiterez peut-être prendre quelques notes, par exemple où et quand la méditation a eu lieu, combien de temps elle a duré, quelles pauses vous avez prises et ce que vous avez remarqué en les faisant.

Ni trop tendu, ni trop relâché

Durée: 20 minutes

L'étape suivante est très importante dans l'apprentissage de la méditation mentale, car nous apprendrons et pratiquerons comment concentrer notre esprit, en utilisant la bonne quantité d'effort. Trop de concentration et nous avons des maux de tête ou de la confusion, nous nous détendons trop et perdons notre concentration, nous nous égarons ou nous nous endormons. Il m'a fallu un certain temps pour m'habituer à cette difficulté. En fait, pendant ma période d'apprentissage, j'avais souvent des maux de tête. Mon instructeur de méditation m'a félicité pour mon grand effort, cependant, j'aurais aimé qu'il me fasse remarquer que ma concentration était trop forte, que j'en faisais trop et que c'était la cause de mes maux de tête et que j'avais besoin de me détendre un peu. Tout comme les cordes d'un instrument de musique doivent être « ni trop tendues, ni trop relâchées », la bonne concentration est une compétence essentielle à développer dans la méditation de pleine conscience. Nous voulons que l'effort soit suffisant pour maintenir la concentration, tout en restant détendu, permettant ainsi la meilleure expérience de méditation. Ne vous découragez pas si vous ne réussissez pas immédiatement, car nous continuerons à y travailler.

Exécution

- Trouvez un endroit calme où vous asseoir et où vous pourrez vous concentrer sans être dérangé.
- Asseyez-vous avec la colonne vertébrale assez droite et détendue, les yeux ouverts ou fermés.
- Respirez normalement, commencez à vous calmer et portez votre attention sur votre respiration.
- Notez et suivez votre respiration pendant que vous inspirez et expirez.
- Voyez combien d'efforts il faut pour rester concentré sur votre respiration. Vous laissez-vous facilement distraire ? Avez-vous l'impression que votre esprit vagabonde constamment ? Si tel est le cas, essayez d'augmenter vos efforts et de rester concentré. Continuez à faire cela pendant que vous commencez à stabiliser votre esprit.
- Une fois votre attention stabilisée, restez-y et concentrez-vous sur votre respiration tout au long de l'exercice. À ce stade, vous pourrez atténuer un peu la forte concentration et augmenter la facilité de mise au point. Continuez à travailler avec cette intersection d'efforts et de facilité de concentration et d'attention. L'idéal est d'avoir une mise au point stable et facile à la fois. Vous pouvez alterner cet exercice avec de courtes pauses.

- Enfin, lâchez tout cela. Revenez simplement à la respiration pendant une courte période, puis terminez la séance de méditation. Prenez des notes si vous voulez.

Les yeux : fenêtre sur la sagesse

Durée: 15 minutes

La méditation mentale occidentale se fait généralement les yeux fermés. L'une des principales raisons est que, surtout au début, les élèves doivent minimiser leurs distractions et fermer les yeux est un excellent moyen de réduire la stimulation externe. Le principal inconvénient est que les gens peuvent aussi trop se détendre ou dormir. Lorsque les yeux sont « mi-ouverts ou mi-fermés », les distractions extérieures sont réduites, mais il subsiste une certaine orientation vers le monde extérieur, alors qu'avec les yeux ouverts, on a tendance à rester plus attentif et orienté, même si nous y sommes plus exposés aux distractions extérieures. Cependant, du point de vue de la méditation supérieure, il est dit dans le Vajrayana que les yeux sont la porte d'entrée vers une sagesse supérieure et que nous devrions apprendre à méditer les yeux ouverts. J'ai personnellement vérifié que c'est le cas pour cet exercice et qu'il évite également de s'assoupir. De plus, les yeux ouverts, vous pourrez mieux intégrer l'état méditatif dans tous les aspects de la vie.

Exécution

- Trouvez un endroit calme où vous pouvez vous installer sans être dérangé. Il peut être utile de commencer dans le même endroit à chaque fois.
- Asseyez-vous avec la colonne vertébrale droite mais détendue, les yeux fermés.
- Respirez normalement et installez-vous en portant attention à votre respiration.
- Soyez attentif à votre respiration, en remarquant chaque inspiration et expiration.
- Méditez pendant 5 minutes. Soyez attentif à vos sensations et à tout inconfort ou effet indésirable lié à la fermeture des yeux.

- Après 5 minutes, faites une pause et accordez-vous une minute de pause, puis reprenez la méditation pendant encore 5 minutes avec les yeux mi-clos. Faites une pause et remarquez ce que vous ressentez ainsi que tout inconfort.
- Enfin, asseyez-vous avec les yeux complètement ouverts pendant cinq minutes. Comme pour les deux autres méditations, soyez attentif aux bienfaits et aux difficultés, notamment par rapport aux yeux ouverts. Si vous le souhaitez, vous pouvez prendre des notes sur ce que vous avez appris.

Assis avec l'émotion pour réduire les inquiétudes

Durée: 5 minutes

Une façon d'arrêter de s'inquiéter sans cesse est de porter votre attention sur l'émotion elle-même et ses effets. Il s'agit souvent de l'émotion sous-jacente qui nourrit l'inquiétude. Ainsi, en déplaçant votre attention des pensées inquiétantes vers la simple conscience de l'émotion qui les accompagne, vous réduirez considérablement l'anxiété et l'inquiétude.

Exécution

- Lorsque vous réaliserez que vous êtes en proie à des pensées inquiétantes, ce sera le moment idéal pour faire cet exercice.
- Identifiez les pensées inquiétantes ou l'histoire qui vous trouble.
- Quelle est l'émotion qui accompagne ces pensées ?
- Prenez conscience de l'émotion et ressentez-la pleinement. Continuez aussi longtemps que nécessaire.
- Vous pouvez toujours y revenir plus tard. Remarquez à quel point l'anxiété et la rumination diminuent lorsque vous faites cet exercice.

Connectez vos objectifs à vos passions

1. Rédigez votre vision.
2. Réévaluez votre vie.

3. Interrogez-vous.
4. Commencez à lire.
5. Affinez votre recherche.
6. Trouvez un mentor.
7. Réfléchissez et écrivez.
8. Prenez la première mesure.
9. Pensez aux autres.
10. Économisez de l'argent.

CONCLUSIONS

Maintenant que vous avez atteint la fin de ce livre, j'espère que vous avez compris comment commencer à surmonter le stress et l'anxiété une fois pour toutes, ainsi qu'à mettre en pratique une ou plusieurs stratégies qui vous tiennent à cœur. Cependant, avant de passer à l'action et de vous consacrer pleinement à vos objectifs, il est important d'avoir des attentes réalistes quant au niveau de réussite auquel vous pouvez vous attendre à court terme.

S'il est vrai que certaines personnes réussissent immédiatement, elles représentent l'exception et non la règle. Cela signifie qu'il faudra du temps pour maîtriser les techniques et apprendre à gérer votre anxiété, surtout lorsque vous tentez de trouver ce qui vous convient le mieux. Au lieu de nourrir des attentes irréalistes, considérez le temps consacré à améliorer votre santé mentale comme un marathon plutôt qu'un sprint, ce qui signifie que vous progresserez lentement mais sûrement à chaque étape.

Bien que la méditation soit une pratique populaire de nos jours, la plupart d'entre nous ne la pratiquent pas efficacement, sous prétexte de manquer de temps. Pour en faire une habitude, la régularité est essentielle. Peu importe la charge de notre quotidien, la méditation finira par montrer ses résultats et deviendra progressivement utile et réalisable avec le temps. En trouvant le moment pour la pratiquer, vous serez capable de vous libérer des préoccupations de la journée. La cohérence est la clé : répéter régulièrement, dans un endroit familier, incitera votre cerveau à maintenir cette discipline personnelle.

La méditation est une pratique essentielle si vous voulez réussir dans la vie, et cela ne deviendra possible que grâce au temps que vous y consacrerez. C'est pourquoi la pratique régulière est si importante : se concentrer sur ce que vous devez accomplir et améliorer est l'approche la plus efficace pour progresser de manière significative.

Cependant, il arrive un moment où votre séance peut devenir trop distraite pour être bénéfique. En vous concentrant sur vos objectifs pendant l'entraînement, vous optimiserez votre temps et deviendrez beaucoup plus à l'aise plus rapidement.

De nombreuses personnes rejettent les horaires, préférant être spontanées et ne pas prendre d'engagements supplémentaires, acceptant les choses telles qu'elles viennent et étant libres de gérer leur temps. Pourtant, une pratique quotidienne peut améliorer le bien-être général, la prospérité et l'efficacité.

Il existe de nombreuses manières de structurer une routine quotidienne, mais l'objectif principal est de la faire fonctionner pour vous.

Voici quelques conseils pour maintenir une routine quotidienne :

1. Établissez un plan de méditation

Cette étape peut sembler simple, mais elle est fondamentale. L'une des étapes les plus importantes pour intégrer une pratique quotidienne, notamment la méditation, est de la suivre selon un calendrier préétabli.

Fixez un programme quotidien pour votre séance de méditation et respectez-le, quoi qu'il arrive. Si quelque chose perturbe l'ensemble de votre planning, reprogrammez votre séance et reprenez-la dès que possible.

2. Créez un espace dédié à la méditation

Créer un espace dédié à la méditation est aussi essentiel que de débarrasser un coin de la pièce du désordre et y installer un coussin. Qu'il s'agisse d'une pièce entière, d'un coin ou d'un autre endroit, l'essentiel est de s'assurer qu'aucune distraction ne s'y glisse et que cet espace ne contienne que ce qui est nécessaire.

3. Le début des 60 secondes

Au début, asseyez-vous pendant seulement soixante secondes et augmentez progressivement la durée. L'effort principal pour faire de la méditation une habitude quotidienne consiste simplement à vous asseoir chaque jour, peu importe le temps que vous y consacrez.

4. Restez calme

Aidez-vous à faire de la méditation une tâche quotidienne en la simplifiant. Mettez de côté vos autres obligations et maintenez un emploi du temps régulier pour vous reposer, manger et faire de l'exercice. Rappelez-vous que c'est votre vie, et vous devez l'organiser de la manière qui vous convient le mieux.

La méditation est un moyen de nous connecter pleinement à l'instant présent. Il s'agit d'une connexion profonde avec soi-même, grâce à une conscience accrue de soi et de notre environnement. La pratique régulière de la méditation apportera des résultats extraordinaires.

www.ingramcontent.com/pod-product-compliance
Lightning Source LLC
LaVergne TN
LVHW051354061026
849535LV00009B/3184

* 9 7 8 1 7 8 7 9 3 2 4 6 3 *